U0735442

中国人的美德

ZHONGGUORENDEMEIDE

经历数千年传承、融汇时代精神的美德，是中国人思想道德的灵魂，是构筑中国人时代精神的血脉，更是中华民族伟大复兴的根基。

焦国成 ◎ 主编
姜文明 ◎ 编著

位

天津出版传媒集团
天津人民出版社

图书在版编目(CIP)数据

　俭 / 姜文明编著. -- 天津：天津人民出版社，
2013.7
　（中国人的美德 / 焦国成主编）
　ISBN 978-7-201-08292-9

　Ⅰ. ①俭… Ⅱ. ①姜… Ⅲ. ①品德教育-中国-青年
读物②品德教育-中国-少年读物 Ⅳ. ①D432.62

　中国版本图书馆 CIP 数据核字(2013)第 171548 号

天津人民出版社出版

出版人：黄　沛

（天津市西康路 35 号　邮政编码：300051）

邮购部电话：（022）23332469

网址：http://www.tjrmcbs.com

电子信箱：tjrmcbs@126.com

三河市同力印刷装订厂印刷

2013 年 7 月第 1 版　2013 年 7 月第 1 次印刷

787×1092 毫米　16 开本　10 印张　1 插页

字数：100 千字

定　价：29.80 元

「前言」

"美德"是什么？在有些人看来，就是埋头傻干而不计报酬多少，与人交往而甘愿事事吃亏，不考虑个人得失而时时奉献，因此，"美德"不过是忽悠傻瓜的招数，"高尚"无非是中招儿的蠢人才会去追求的做人境界。在这些"智者"的眼里，只有名利权位、声色犬马才是值得去追求的，而"美德"则不值一文。这种想法让我们想到了丛林中的狐狸和狼。那些"智者"的智慧，也不过是丛林之中狐狸和狼的智慧。对狐狸和狼来说，甚至对只图利益的小人来说，美德确实什么都不是。但是我们到底是要把市场经济下的社会建设成一个美好的人类世界，还是要把它变成一个绿色丛林？丛林之中，没有谁永远都是强者，即使老虎、狮子也不例外。当那些信奉丛林规则的"智者"成为"更智者"爪下的一块肉时，他的智慧又在哪里？

孟子说："得道者多助，失道者寡助。寡助之至，亲戚畔之；多助之至，天下顺之。"（《孟子·公孙丑下》）利己主义者的智慧是一种小

聪明，虽然可以暂时得利，但这种利总是有"害"相跟随。因为占了别人的便宜，固然可以一时得意，但当被千夫所指的时候，他的得意也就不在了。前乐而后苦、开始得意而日后途穷的智慧，无论如何也不能说是一种高妙的智慧。真正的赢家应该是淡泊名利、以德服人的人。

在有美德的人看来，有损美德的利益不是一种利，反而是一种害。正如孔子所说："不义而富且贵，于我如浮云。"（《论语·述而》）避开了不符合道义的利益，同时也就避开了它可能导致的害。俗语也说："为人不做亏心事，半夜敲门心不惊。"具有美德的人，善于约束自己，仰不愧于天，俯不怍于人，心里坦坦荡荡，安宁舒畅。能使自己愉悦幸福一生的，莫过于美德。代代相传的"富润屋，德润身"箴言，是以往高贤大德的切身体验，绝非忽悠人的虚言。

有美德的人讲仁讲义，乐于助人，乐于成人之美，这有助于消融人与人之间的冷漠和对立，增进人与人之间的和谐与合作。团结就是力量，合作强于孤军作战。人之所以能够胜过万物，就在于人与人之间能够合作。

美德是立于不败之地的精神力量。有美德的人，是在爱人中爱己，在利人中利己，在使众人快乐中获得自己的快乐。因为他行事

以德，故服人不靠威势武力；因为他爱人利人，故能把自己与大众连为一体。因此，孟子才说"仁者无敌"。

美德是可以惠及整个社会和子孙万代的精神财富。孔子曾经提出过"惠而不费"的君子智慧。在他看来，"因民所利而利之"的德政是惠而不费的。如果我们能把孔子的思想发挥一下，使美德真正成为每一个人的操守，社会将变得更加美好。做父母的有慈的美德，天下的儿童就都幸福了；做子女的有孝的美德，天下的老人就都幸福了。同样，每个社会位置上的人都有美德，天下就会是一个大道流行、人人幸福的世界。这就是真正的"惠而不费"。

新中国成立已有六十余年，改革开放已经三十余年，我国的社会主义建设取得了令世界瞩目和赞叹的成就，中国人民过上了小康的幸福生活。然而中国社会的道德风气却不尽如人意：急功近利的追求、冷漠的处世态度、庸俗的休闲生活，已经成为许多人的生活写照。腐败现象屡禁不止，法纪的权威性受到挑战，潜规则大行其道，假冒伪劣层出不穷，这已经是伴随市场经济的发展而出现的司空见惯的社会现象。道德的沙漠化现象开始初露端倪。因此，道德文明的建设已经显得比任何时候都更加迫切。

历经数千年传承、融汇时代精神的美德，是中国人思想道德

的灵魂，是构筑中国人时代精神的血脉，更是中华民族伟大复兴的根基。

为了弘扬美德，我们组编了《中国人的美德》丛书。丛书针对市场上缺少入情、入理、入心的道德教育读物的现状，专门为广大未成年人精心打造。要改善社会的道德风气，提高社会的道德水平，就要有好的读物。本丛书力求适应这一社会需求，将中华民族的传统美德、优秀的革命道德和时代精神完美融合，将传统精神和时代精神、文化继承和文化创新有机结合起来，力求凸显社会主义道德的中国特色和民族道德传统的历史延续性；在保证其通俗性、可读性的同时，力求有一定的创新性。如果此套丛书能够激发起广大未成年人对中国人的美德的兴趣和向往，我们将感到无上的荣幸和欣慰！

焦国成

2013 年 6 月于北京

Mulu /目录/

俭

第一辑

解析篇

JIEXIPIAN

俭

    "俭"是中华传统美德,其历史源远流长,深深影响了中华传统文化。"俭"也是国际公认的一种美德,联合国专门把每年的 10 月 31 日设立为"世界勤俭日"。"俭"之为德,体现了当代经济社会下的节俭价值。

俭德的基本内涵

要完整地了解"俭",先让我们把目光转向厚重而遥远的历史中,去追溯古代俭德的宝贵价值,去理解这一闪耀着光芒的人类生存智慧。

商周时期重视"俭德"

"俭"字在古代写作"儉","儉"字是"亻"字旁加"僉",而"僉"的意思是"两边""两面",字形好像屋内两个人相背而坐,表示人前和人后都一样,意思是"约",也就是约束自身行为。汉代许慎所著的《说文解字》中的解释是:"俭,约也。"俭是约束的意思。清代段玉裁所作的注释指出,"约"表示缠起来捆在一起,"俭"是不敢放纵、不奢侈的意思。俭和奢是相对立的,《说文解字》指出:"奢,张也。"俭指的是约束,那么奢指的就是张扬、不节制。从这里我们可以看出,"俭"字本来的含义是"对自己进行约束、克制"。

俭德是古代劳动人民在生活中形成的。在人类的早期社会,我们的祖先面临的环境很险恶,经常衣食不足。于是,人们把捕获的猎物和采集的果实储存一部分,以备后需,这便是俭的萌芽。此后,俭的思想就一直贯穿于中华文明之中。关于俭德思想的文字记载,最早出现在古代典籍《尚书》和《周易》中。《尚书·太甲上》记载了这样一个故事,早在公元前16世纪,商朝初期的时候,大臣伊尹就建

议刚刚即位的君主太甲说:"慎乃俭德,惟怀永图。"意思是说:你要非常谨慎,在统治中要重视俭德,只有这样才能长久地维持你的王朝。西周建立初期,周武王的弟弟周公,总结商纣王奢侈导致亡国的教训,做了《多士》和《无逸》两篇文章,告诫周成王不要骄奢、杜绝淫侈,在生活中崇尚节俭。《周易》中也提出了俭德思想:"君子以俭德辟难,不可荣以禄。"其意思是说君子要培养节俭的德性以避灾免难,切不可追求荣华而谋取禄位。从这些早期的记载中看,古人对俭德是非常重视的。

春秋战国以来"俭"思想的发展

春秋战国时期,"俭"字的内涵发生了改变,主要用来表示"财物节省、节约",并且把俭和"戒奢"相提并论。俭德的要求也被具体展开,古人主张节用爱物,对劳动果实要爱惜,在消费中不奢侈浪费。孔子提出了"节用而爱人"(《论语·学而》)。他所提出的"节用"思想,是以"爱人"为基础的节用,是对民力的爱护。孟子明确讲"仁民而爱物"(《孟子·尽心上》)。他认为从自然中获取物品要按照适当时间,用物要有节制,是从整个人类与自然和谐的角度来看待俭。

俭是形成其他各种美德的基础。《左传·庄公二十四年》中说:"俭,德之共也;侈,恶之大也。"宋朝的司马光对这句话进行了解释,认为"共,同也,言有德者,皆由俭来也"。他把"共"解释成"共通、相同",这句话是指人的高尚品德都是通过俭而养成的。奢侈是最大的恶。俭约、节欲有助于正心养性,过简朴生活,遵从社会礼仪秩序。人应当正确看待正当的需要，免于堕入纵欲之中。诸葛亮在《诫子书》中提出："夫君子之行，静以修身，俭以养德。"就是说，要想成为一名光明磊落的君子，要用静来修身，通过俭来培养自己的德性。

古人对俭的重要作用也有深刻的认识，认为俭主要用于持家和治国。家是人的安身立命之本，要使家庭稳定富足，必须要勤俭持家，通过合理安排家庭消费，积极推行俭，以防家庭成员受匮乏之苦。历史上，很多思想家写了治家格言来告诫自己的子孙后代，在这些格言中几乎都把俭作为治家最为重要的一个方面。如隋朝王通说"御家以四教：勤、俭、恭、恕"。他把俭看成是治理家的四条准则之一。"成家之道，曰勤与俭。"治理国家更要崇尚节俭，君主应该以身作则，才能使整个国家稳定富庶。如汉文帝和唐太宗推崇以俭治国，成就了历史上的盛世。三国时期的桓范说过这样的一段话："历观有家有国，其得之也，莫不阶于俭约，其失之也，莫不由于奢侈。"（《政要论·节欲》）这句话的意思是：我们看历史上成就家国的人，他们的成功，都是因为俭约，他们的失败，没有一个不是由于奢侈。唐朝人谭峭也说过："一人知俭一家富，王者知俭则天下富。"（《化书》）这句话是说一个人知道节俭，就会使一家富足，君王知道节俭，天下就富足。

现代经济社会中对古代俭德的继承和发展

当今时代，我们处于市场经济时期，生活条件提高，消费品非常丰富，人们的消费观念也有了很大改变。更重要的是现代社会的发展要求人们扩大消费,甚至形成了消费主义思想,为了刺激经济发展,整个社会都在宣扬消费。商品广告铺天盖地,推销手段层出不穷。是否俭在现代社会就过时了呢?很明显,俭不会过时,现代社会更需要俭的精神,但是这种俭的思想和中国古代俭的思想有所不同,是人们在借鉴了古代俭德中合理的部分,结合现代的生活方式和观念,所形成的现代俭之美德。

现代俭德:俭即节约、节省,不浪费。俭成为了一种生活观念,俭作为基本的处世态度,是人人都应拥有的美德,这和古代因为生活用品缺乏而崇尚俭德不同,面对丰富的消费品,人仍然需要发扬俭的精神;俭是一种生活方式,俭的思想贯穿于生活各个方面,俭应成为一种习惯,使生活秩序健康合理;俭是一种责任,是个人对社会和整个人类所应担负的责任,因为我们只有一个地球,地球的资源又是有限的,现代社会中的每个人都对整个环境负有不可推卸的责任。

现代俭德的要求

在现代社会生活中,有两种相互对立的观点,一个是提倡消费主义,反对俭,这种观点主张人要拼命挣钱拼命消费,甚至认为浪费也是刺激经济发展的方式。与此相反,一些绿色组织反对高消费和破坏环境,主张人类应该放慢发展速度,甚至要做到"零发展",从而保护地球资源。这两种观点实际上都走向了极端,俭和提倡消费并不矛盾,人们若对消费品合理使用,没有浪费,那么最终可以获得更多消费。相反,浪费会影响人们的消费。崇俭是要求合理消费,精神文明和物质文明的发展就是为了提高人们的生活水平,因此,消费是应该提倡的,合理消费就内含着俭的精神。俭和发展之间也是相互促进的,俭的精神促进了发展的科学性和可持续性,党和国家提出建设节约型社会的号召就是这一精神的体现。现代俭德的要求包括以下内容。

节用爱物

生活俭朴,爱惜物品,是合理消费的要求。从人类长远发展来看,俭朴是有效而合理的生活方式。比方说一桶水如果是五个人用,就必须使水得到充分使用和合理利用,谁都不能滥用,否则水就不够用了。地球上的资源也如那桶水一样是有限的,因此必须要节用爱物,以利长远发展。

首先,自然资源有限。在人类社会的发展过程中,有限的自然资源总量在逐渐减少，尤其是现在正在使用的石油、煤炭、天然气等矿产资源，正面临着枯竭的危险。这些资源是不可再生的，无节制地开采使用，会把后代的资源消耗殆尽，只给他们留下被污染了的恶劣环境。我国虽然疆域辽阔，但是人口众多，属于人均资源占有量在世界上短缺的国家。例如，我们人均水资源占有量仅相当于世界人均水资源占有量的四分之一；人均耕地不足 1.5 亩，不到世界平均水平的一半；矿产资源人均占有量只有世界平均水平的一半。这些先决条件都要求我们必须始终保持俭的精神。

其次，世界性的粮食危机。在世界很多地区，现在仍然存在饥荒问题，尤其是非洲、亚洲的一些国家，很多儿童因为营养不良而夭折，很多成年人因缺乏粮食而被活活饿死。在我国仍然有很多人处于贫困线以下，需要解决吃饭穿衣问题。从总体上看，我们这个世界还没有到衣食无忧的时代，仍然面临贫穷的问题。

第三，环境破坏严重。无节制的消费甚至浪费，造成了环境灾难。环境也是一种资源，污染了环境，就等于过度消费了清洁美丽的环境，而再度恢复优美的环境则需要付出极大的代价。如石油和煤炭的燃烧造成空气污染，臭氧层遭到破坏；各种过度包装对地球生态造成了威胁；生活中产生了数量巨大的垃圾等等。环境保护的压力越来越大，已经造成了人类生存危机，人类将面临着毁灭的威胁。

从以上的情况看，人们在消费时必须节制，珍惜一切资源，杜绝随意浪费，我们节约的每一件物品都是对地球资源的保护。一滴水、一粒米、一寸布、一张纸、一度电都来之不易，我们要十分爱惜。

使用各种物品，有了破损可修一修再用，不要轻易丢弃。就拿我们使用的一张纸来说，不但需要砍伐树木作为原料，而且从树木到制成纸张，也消耗了很多能源，因为制作过程需要石油、钢铁、煤炭等作为动力，付出的是资源和环境的双重代价。

有的人一张纸只写了几个字就扔掉了，虽然这张纸不很值钱，这却是明显的浪费。每个人多浪费一张纸，可能就会毁掉一片树林，燃掉数吨石油、煤炭，污染一方蓝天。而这是通过节俭可以避免的，对物品的爱护就是对地球和人类的保护，每个人都应该作出自己的贡献，让整个世界变得更美好。

量入为出

现代生活提倡消费，同时也需要崇尚俭德，如何能够使我们的生活合理呢？一个有效的途径就是做到量入为出，合理安排生活消费。小到个人、家庭，大到组织、单位、国家，都要根据收入来正确计划自己的消费支出。不同收入水平的人，消费同样的商品，对于低收入者来说可能就是奢侈的，而对于高收入者则可能是正常消费。俭本身就具有相对性，在不同时期，俭的标准也不同，现在看来是正常，在过去看来就是奢侈和浪费。现代俭德就是要根据收入和经济状况来决定自己的消费水平。消费支出符合自己的收入水平，就是俭；支出大于自己的收入，就是奢。

量入为出是俭的重要内容，人们以收入为基础来安排支出计划，可以保证稳定的物质基础，不会出现入不敷出的情况，使生活中有适度的节余，还可以应对一些突如其来的花费。这种观点，有利于长远地看待发展，在现代社会中，

国家在经济建设中做到量入为出，能够保证社会的长期稳定和健康发展。如果在消费中不管自己的经济收入状况，一味地追求高消费，就是奢侈浪费。有些高收入人群，根据自己的情况进行高消费，购买奢侈品，这不能被指责为奢侈，只要不浪费，就是允许的。

要求量入为出还要考虑到支出的效果。根据自己的收入和经济状况来决定消费水平时，要使消费对自己将来的发展有所促进。因为消费既是人们生命的需要，也是追求更好发展的需要。如对学生来说，订购有益的书刊，学习电脑知识，参加有利于身心健康的文体活动等，这些消费就能促进他们将来的发展；自己用节省下来的零花钱来交学费，则能体会到一种成就感和自立感，因而会更加珍惜未来的学习；节省下零用钱用以支援灾区或捐献给"希望工程"，则可以提升道德情感、责任意识和奉献精神。

物尽其用

随着人们认识的不断提高，俭不仅仅只被理解为俭约、节省，针对有限的地球资源，提倡俭还体现在最大限度地提高资源利用率，物尽其用。"物"指的是水、电、土地、房屋、各种矿产资源等，是人生活中必需的东西，如果闲置不用，或者使用不当，那么这些东西就失去了本来的作用，实际上就造成了浪费。例如，在生活中，可以用洗漱、洗菜的水冲厕所；充分利用每一张纸、每一支铅笔。使每一件物品都得到最大限度的利用，相对来说就节省了资源。把这种俭的观念融入生活的每一个方面，就会节省大量资源。运用科学技术，提高各种矿产资源的利用率，是全球发展的新趋势。现在生产同一件商品，资源的消耗有了大幅度的降低。同时，通过研究开发绿色能源，发展可以循环利用的资源，例如太阳能、风能，科学已经成为促进俭的重要手段。再者，用新的眼光看待废物、垃圾，将其视为放错地方的财富。目前，环境污染最严重的问题是大量垃圾的产生，包括各种生活垃圾和各种工业废弃物。这些垃圾不但污染环境，对它们进行处理还需要大量成本。但是，我们可以换一种眼光，因为这些垃圾本身就是另一种意义上的资源，仍然具有重要的利用价值。近年来，科学家通过研究垃圾回收和重新利用，使垃圾成为一种新的能源，已经取得了一定的成果，这样就获得了双重效益，既开拓了新资源的利用领域，又减少了环境污染。我们在生活中注意把垃圾分开放置，既利于回收，又便于重复利用，用行动来支持这一新的俭约方式。俭在现代意识中有更开阔的思路，人们应该从不同的侧面去思考俭。

不奢不吝

　　重视俭德，是否越俭朴越好呢？当然不是。俭有自己的评价标准。儒家把俭看做是"中庸之德"，即处于两个极端的中间，过和不及都不是真正的俭，奢侈是过度，而吝啬则是不及。这一观点是正确的。善有至善，是越善就越好；仁有至仁，人们追求达到最高的仁。过分的俭就是吝啬，已不再是美德。那么如何才算是适度呢？古代人用是否合"礼"来确定俭。儒家提出：俭的标准在"礼"中，俭要合乎"礼"。颜之推说："俭者，省约为礼之谓也；吝者，穷急不恤之谓也。"（《颜氏家训》）就是说，俭就是能够节省、约束自己，是符合礼的;而吝则是见到别人处于困穷和危急时,仍然不去救助。我们在现代社会中,俭德思想的内容更加灵活,如果一味地推崇俭,不但会影响到社会的正常发展,也容易陷入经济发展的停滞中。这就要求我们在生活中崇尚俭而不吝啬,提倡消费而不奢侈,做到消费合理。

要做到既不奢也不吝,首先要认清什么是正常消费,什么是奢侈和浪费。消费是指人们通过消费品满足自己需要的行为,人通过消费而生存。而浪费是指人们脱离自身的实际需要,对人力、物力、财力、时间等用得不当或没有节制,浪费是一种可耻的行为。不管收入和经济状况如何,浪费都是恶行。我们反对浪费,"奢侈"一词本来也表示的是挥霍浪费,过分追求享受。但是,现在我们也要合理理解奢侈品的消费,消费奢侈品并非就一定是奢侈。如果在日常消费中,消费水平和自己的经济情况相符合,消费奢侈品而不浪费,也是合理消费。社会可以对高消费和奢侈品消费收取奢侈税,以平衡整个社会的收入。因此,在生活中以物尽其用做到不奢,以量入为出做到不吝。这样就能够达到不奢不吝,符合现代社会的俭德要求。我们国家提出了建设节约型国家的策略,并且积极推进可持续发展,这一切都是遵循发展的合"度"之路,不奢不吝,科学发展。

俭德培养

立身以俭，是人一生的财富。自古以来，勤俭节约的人总是受到人们的称赞和尊敬，好逸恶劳、挥霍浪费的人则受到人们的鄙视和厌恶。俭德的养成，应树立以俭为荣的观念，自我克制，以俭修身；从小事做起，克勤克俭，躬行不辍；培养俭朴习惯，采取健康合理的生活方式。

俭荣奢耻

当前社会上存在的浪费现象触目惊心，2012 年 4 月 19 日，中央电视台《新闻 1+1》栏目播出的《奢侈的垃圾》中说道：北京，每天产生 1.8 万吨生活垃圾，浪费惊人。里面有没有吃过的面包、三明治、快餐，整块的鱼、肉，还有成袋的大米。根据推算，餐饮业里倒掉的那些东西就能最少养活两亿人。有人对北京好几个大学餐后剩菜剩饭的情况进行了调查，倒掉的饭菜总量约为学生购买饭菜总量的三分之一。这还只是餐饮业的浪费调查，中国的其他资源浪费也很多，如白白流失的水资源、过度包装的商品等。制止浪费，要积极培养人的俭德，首先要树立现代俭德观念，坚持俭荣奢耻。

很多人轻视俭德，主要因为对俭的片面理解，有人认为俭已经过时，现代社会中不需要俭，俭会妨碍经济发展，和人们追求生活幸福有悖。这仍是对古代俭德的理解，认为俭就是防止生活用品缺乏。现代俭德并非一味要求陋衣粗食，而是主张合理消费，以杜绝浪费为标准，量入为出。这实际上更易于促进经济的合理、高效发展，提高生活质量。有人认为俭是小事，仅仅是生活中的细枝末节，不必如此重视。但是中国有13亿人口，每人浪费一滴水、一度电，累积起来就是天文数字，俭已经成了关系国计民生的大事。认为俭是私事，如何消费是自己的事，和别人无关。这也是误解，人生活在社会中，消费、生产都和自然环境有关，都对人类生存环境负有责任。因此，俭德在现代社会中具有重要作用，应该坚持崇俭黜奢的思想。

很多人奢侈浪费是为了爱面子、搞攀比，把奢侈浪费看成是有身份的象征。他们认为奢侈、高消费就意味着高人一等，通过大手大脚地花钱来满足自己的虚荣心。在古代就有石崇和王恺斗富，以豪奢为荣，石崇用蜡烛当柴烧，以贵重的彩缎在门前铺了50里屏障。但是他最终被杀，下场悲惨。这种崇奢的观点恰恰与当今厉行节约、反对浪费的思想相背离。我们应在正确的节俭观的指导下，形成俭省光荣、浪费可耻的思想。

自制修身

在日常生活中躬行俭德，需要对自己的消费行为和财物的利用进行约束和控制，这也是俭的最初含义。古代人很早就意识到对人的欲望要节制。《尚书·仲虺之诰》云："惟天生民有欲，无主乃乱。"人要生存，天然就有各种各样的欲望，但这些欲望需要克制，没有一个制约者，就会乱。唐甄在《潜书》中说："人之情，孰无所欲！

得其正而安之,不得其正则弃之,是为君子。"人的所欲能够得到正当的处理,那才是君子的行为。在现代社会中,人面临着一个充满诱惑的外部世界,更需要自我克制,通过对自己经济状况的考虑,合理计划消费。况且,人的生活目的也不只是追求满足自身的欲望、追求享受,更重要的是要为社会作出自己的贡献,实现自己的理想。因此,俭首先表现的是一种消费的自制,通过自制,可以达到物用不匮,生活合理有序。

其次,加强自身的修养,也有利于遵行俭德。俭可以养德,"有德者皆由俭来也。"认为道德高尚的人都是从俭做起的。相对而言,一个人有道德也利于行俭,有着良好修养的人不会随意浪费。人们物质、精神消费的大多是别人的劳动成果,俭表现的是对别人劳动的尊重,进而体现为对人的尊重,俭表现了个人的道德水平。人的恭敬、仁爱、行义等德性都能促进俭德的形成。通过锻炼自制力,磨炼意志力,提高自己的道德修养,有助于培养俭朴的生活态度。

俭德的最高境界,不仅表现为节约自己的财物,调节个人消费,更重要的是对社会、国家、集体和他人财物的节省。有些人只是省俭个人财物,当涉及国家、集体、他人的财物时,则随意浪费,漠不关心,这实际上是自私、吝啬。俭德所表现的是高度的责任感,是对整个人类生存的关怀,这种俭,超越了个人的利益关系。这样的境界就表现在日常生活中,当我们看到公共场所的灯白天还在亮着的时候,自然地走过去关掉;使用公用水管时,尽量节省用水。当任何一个行为都自然地贯彻着俭省思想,而忽略了条件时,就达到了这一

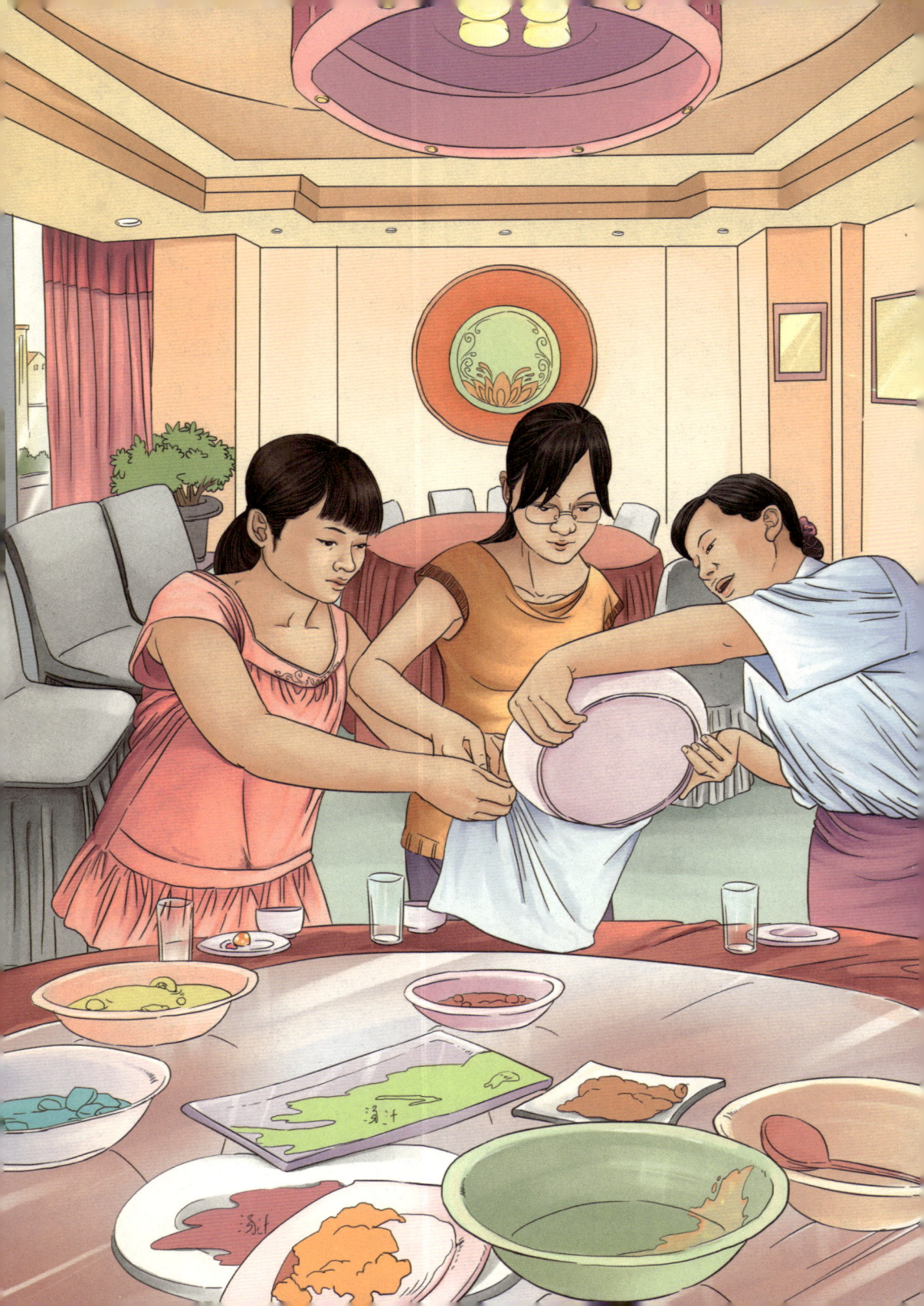

境界。反观历史，以奢侈而败亡者，很多并非是因为最终财富的匮乏，而是因为失去了俭德，导致其道德沦丧，从而走向灭亡。

行己以俭

俭德的形成，要从日常行为做起，表现在最基本的衣食住行上，俭的精神融入每个生活细节中，积羽沉舟，就会养成良好的节俭习惯。

在人们的一日三餐中，节约每一粒粮食、每一滴水。饮食注重营养，饮水强调卫生洁净，但要杜绝浪费。中国传统的待客之道常常以饭菜丰盛有余表达对客人的尊重，"待人要丰，自奉要约"。但是这往往造成比较严重的饮食浪费，在现代社会应该改变这样的观念，根据实际需要点菜，剩余的要打包带走。在家中用餐同样也要注重俭，这些虽然是生活小节，但是意义重大，因为它们时刻就体现在我们的行动中。节约用水，不管是在自己家还是公共场合，都要负起俭省责任，尽量做到不让水资源白白流走。在全球缺水严重的今天，节约一滴水，就是保护了地球的一滴血液。"一粥一饭，当思来之不易；半丝半缕，恒念物力维艰"。从生活中的小事做起，久而久之，我们就会在无意识中养成俭的美德。

在穿衣方面不炫耀，尚文化，重品位。爱美之心人皆有之，现代社会提倡衣着得体，整洁合身，在服饰文化异常发达的当今社会，穿衣可以看出一个人的文化品位。践行俭的精神，并非就是要拒绝名牌，穿着破旧，关键是要根据自己的经济条件，合理消费。同时，要认识到穿着最重要的是舒适合用，以人的内在价值为中心，而不是把自己的价值附着在衣服上。穿衣尽可以表现出自己的个性，展现出自己的喜好，但是其中贯穿的主线应该是自制、俭约的责任意识。

在住行方面，提倡居住舒适，环保出行。随着经济条件的提升，人们的出行多选择开车，现在已经形成了严重的交通问题，并且还造成了资源消耗、环境污染。因此，要尽量做到绿色出行，能够利用自行车或步行，就尽量不要开车。骑自行车或步行对自己的身体有利，对整个人类也是贡献。对居住条件的要求，不是房子越宽敞越豪华越好，而是要追求舒适、方便，尽量减少资源的消耗。在日常消费中降低对地球环境造成永久破坏性的消费，尽量做到促进可持续性、可循环性经济消费品的利用。注意环保商品的选用，自觉抵制严重破坏环境的消费品。

俭

第二辑 菁华篇

JINGHUAPIAN

俭

　　《左传》尝载古人之言："大上有立德,其次有立功,其次有立言,虽久不废,此之谓不朽。""立言"为不朽之一,而立道德之言尤为可贵。言者,心之声也。道德之言,乃有德者之心声,故而尤其值得珍视。中国作为礼仪之邦、文明古国,历代不乏高贤大德,而他们都有自己的道德体悟之语。本辑所选是古今道德箴言的菁华。这些箴言名句,是古今高贤大德人生经验的凝结,是他们纯洁、高尚心灵的流露。这些箴言名句,可以朗读,可以背诵,可以欣赏,可以怡情,可以励志,可以开慧,可以大心,可以成德。

背诵部分

克①勤于邦,克俭于家。

——《尚书·大禹谟》

注 释

①克:能够。

解 读

为国家做事要能够做到勤勉,主持家事要能够做到节俭。这是舜告诫大禹的治理国家之道,在为国家做事的时候一定要勤勤恳恳,不辞辛苦,而在家里安排家务的时候要保持节俭。这是对人们的处世品行提出的要求。

君子①以俭德辟②难，不可荣以禄。

——《周易·否》

注 释

①君子：才德出众的人。

②辟：借为"避"。

解 读

君子通过崇尚俭德来避免危难，不可追求荣华利禄。一个品德高尚的人时刻要保持生活俭朴，如果能够这样约束自己，一旦面临危险困难，也能够避免，而不能依仗自己丰厚的俸禄而生活奢华。警示人们一定要俭朴，避免奢侈。

奢则不孙①,俭则固②。与其不孙也,宁固。

——《论语·述而》

注　释

①不孙:即为不逊,这里的意思是"越礼"。孙,同逊,恭顺。

②固:简陋、鄙陋。这里是寒酸的意思。

解　读

奢侈就会越礼,节俭则会显得寒酸。与奢侈相比,宁可寒酸一些。春秋战国时期,诸侯、贵族的生活都极为奢侈,他们的生活享乐标准和礼仪规模都与周天子没有区别。在孔子看来,这些都是越礼、违礼的行为。尽管俭就会让人感到寒酸,但与其奢侈,则宁可寒酸,告诫人们不要奢侈。

侈①而惰者贫，而②力③而俭者富。

——《韩非子·显学》

注 释

①侈：浪费，用财物过度，奢侈。

②而：如果。

③力：努力劳作。

解 读

一个人既奢侈浪费又很懒惰，他一定会陷入贫困；如果努力劳动并且保持节俭，他一定会变得富有。这里告诉人们，贫和富不是自然而来的，靠节俭和努力劳动才能致富。

俭,德之共①也;侈,恶之大也。

——《左传·庄公二十四年》

注 释

①共:共有。

解 读

俭是所有有德者所共有的德性;奢侈,是所有的恶中最大的恶行。有德的人,都是由节俭而来,俭能够使人克制欲望,不被物欲所奴役,对人自身和家庭都有益处,而奢侈的人则会顺从自己各种欲望,贪慕富贵,最终会导致丧身败家。这里把俭看做是道德的基础,认为俭是形成其他德性的根本。

俭

俭节则昌①,淫佚②则亡。

——《墨子·辞过》

注 释

①昌:兴旺。
②淫佚:纵欲放荡。

解 读

一个国家的君主节约俭朴,国家就兴旺;国家的君主若纵欲享乐,国家就危亡。这句语主要是针对君主所说,一个国家的君主能够节俭,爱惜民力,那么整个国家就会兴旺发达,相反,如果君主自己贪图享乐放纵,国家就会很危险,进而走向灭亡。治理国家的领导者特别要重视提倡节俭,杜绝淫佚。

恭①者不侮人，俭者不夺②人。

——《孟子·离娄上》

注 释

①恭：恭敬，谦逊有礼。

②夺：抢夺。

解 读

谦逊恭敬的人不会侮辱别人，节俭的人不会掠夺别人的东西。对别人恭敬，能够尊重别人感受，就不会去侮辱别人；自己很节俭的人则懂得物力艰辛，就不会轻易地掠夺别人的东西，养成这些恭、俭的美德就能够助人行善。

俭

家富而愈俭。

——《荀子·儒效》

解 读

家境好，就更应该节俭。一个人家庭虽然很富有，但是如果丢掉了俭德，就很容易走向贫困。同时，俭是一种美德，并不仅仅是因为物质匮乏才要节俭。失去俭德，人就很容易陷于纵欲当中，会导致其他德性的丧失。

国奢则示之以俭，国俭则示之以礼。

——《礼记·檀弓下》

解 读

　　一个国家如果过于奢侈，就要以俭做榜样，如果国家过于俭朴，那么就要以符合礼的行为作为榜样。这句话来自曾子，有人认为晏子过于俭，其行为是不合礼的。曾子不同意这一观点，他认为，若一个国家的风气热衷于奢侈的话，那么治理国家者就必须提倡俭，而如果俭朴得太过分了，那么就应该让人们的行为合于礼制。

贤^①而多财,则损其志;愚而多财,则益^②其过。

——《汉书·疏广传》

注 释

①贤:有道德、有才能。

②益:增加。

解 读

　　贤能的人有过多的财富,就会损害到他的志向;愚笨的人财产过多,就会增加他的过失。过多的财富并不能带来过多的幸福,有时财富还会对人产生负面的作用,因此,过俭朴而有意义的生活是最重要的。

静以修身，俭以养德。

——诸葛亮《诫子书》

解 读

　　以内心宁静来涵养身心，以俭省来培养高尚品德。这是诸葛亮教育儿子的话，他要求儿子保持内心的淡泊宁静，使自己身心健康，只有这样才会有高远的志向和完成志向的毅力。人的德性养成则需要节俭，通过生活中的克制，使自己成为品质高尚的君子。这句话告诉人们，节俭是品德修养提高的重要途径。

俭

由俭入奢易，由奢入俭难。

——司马光《训俭示康》

解 读

从节俭的生活进入富贵的生活是容易的，由奢侈的生活变成朴素的生活是困难的。人在面对环境的改变，尤其是物质生活的改变时，如果从奢华回到俭朴的生活，会感到很不适应。这句话告诉人们，切不可贪图享乐，世界上任何事物都不是固定的、唯一的，所以要调整好自己的心态，把俭朴作为自己的生活方式，这样在任何情况下都能保持自己的平衡心态。

御家^①以四教^②：勤、俭、恭、恕。

——王通《文中子·关朗》

注 释

①御家：治理家。
②教：准则。

解 读

治家有四个准则：勤，即是勤劳，勤劳才能有收获；俭，即要俭朴，生活节约；恭，肃敬，谦逊有礼貌；恕，宽容，以自己的心推想别人的心。这里指出了俭在治家中的重要性，并且结合其他德性，形成系统的治家原则。

历观①有家有国,其得之也,莫不阶②于俭约;其失之也,莫不由于奢侈。俭者节欲,奢者放情。放情者危,节欲者安。

——桓范《政要论·节欲》

注 释

①历观:逐个观看。

②阶:凭借。

解 读

纵观历史,那些成功治理家、国的人,他们的成功之处,都是凭借生活俭约;那些丧家失国者,却都由于奢侈。俭朴的人节制欲望,而奢侈者放纵欲望。放纵则会导致危险,节制欲望的人则安全。人们崇尚俭德,并不仅仅是因为物质匮乏,还因为俭德能够节制人的欲望,培养人的意志,从而在治理国家和社会生活中能够获得成功。这也警示现代人,不要因为生活富裕了,物质丰富了,就可以随意地浪费。

俭开福源，奢起贫兆。

——《魏书·李彪高道悦列传》

解 读

节俭是福的源头，奢侈是贫困的征兆。俭能够开启一个人的幸福之路，俭为成功奠定了基础，俭可以养德，俭可以致富。而奢侈却是贫穷的开始，易于导致失败。

可俭而不可吝也。俭者，省约为礼之谓也；吝者，穷急不恤①之谓也。今有奢则施，俭则吝；如能施而不奢，俭而不吝，可矣。

——颜之推《颜氏家训·治家》

注 释

①穷急不恤：对贫穷急难之人不肯周济。恤，体恤、周济。

解 读

人可以俭而不要吝啬。俭，指的是节省、简约以符合礼仪；吝啬，指的是对处于贫穷急难中的人不肯周济。人要做到节俭而不吝啬。人们往往说到俭，就和吝联系起来，实际上俭和吝是有区别的，这里就是对俭的度提出了规定。

一人知俭则一家富，王者知俭则天下富。

——谭峭《化书》

解　读

　　如果一个人知道了节俭，那么家庭就会富裕；如果君主主张节俭，那么国家就会富足。俭在生活中有重要的作用，从小处说，能够使家庭免于匮乏之苦；从大处说，君主做到俭，能够使老百姓衣食不愁，过上好日子。因此，不管是管理家庭事务，还是处理国家事务，都要尚俭。

俭

凡不能俭于己者，必妄取于人。

——魏禧《日录里言》

　　凡是自己不能节俭的人，一定会不合理地取用他人的东西。因为自己不知道节俭，那么就必然不会爱惜物品，对别人的东西也会是这样，不知爱惜。

惟①俭可以惜②福，惟俭可以养廉。

——钱泳《履园丛话·安安先生》

注 释

①惟：只有。

②惜：重视，珍视。

解 读

只有俭朴才会珍惜得到的幸福，只有俭朴才可以培养廉洁的作风。往往是在朴素的生活中，幸福才会显得特别珍贵，人们常常因为奢侈浪费而忽视了真正的幸福；同时，只有俭朴才能使人杜绝贪腐，形成洁身自好的作风。这提醒人们应该以俭朴为基础，培养自己的德性。

俭

俭,美德也;禁奢崇俭,美政也。

——魏源《古微堂内集·治篇十四》

解 读

俭是人的美德,而禁止奢侈、崇尚节俭是非常好的治国方式。俭是修身和治国之道。

吾人自有其光明磊落之人格，自有真实简朴之生活，当珍之、惜之、宝之、贵之，断不可轻轻掷去，为家族戚友作牺牲，为浮华俗利作奴隶。

——李大钊《李大钊文集·简易生活之必要》

解 读

做人要有光明磊落的人格，自己拥有真正的节俭朴素的生活应当珍惜，视为宝贵的财富，而不能轻易丢弃。否则就会为亲戚朋友而牺牲自己的人格高贵，成为浮华利禄的奴隶。

俭

贪污和浪费是极大的犯罪。

——毛泽东《我们的经济政策》

解 读

毛泽东同志一直提倡节俭，坚决反对奢侈浪费。浪费和贪污同样会对人民用血汗换来的财产造成损失，不仅损害国家的利益，更重要的是侵害了人民群众的利益。

　　勤俭建国、勤俭办企业、勤俭办合作社、勤俭办一切事业，这是我们党建设社会主义的长远方针。

——刘少奇《刘少奇选集》

解 读

　　我们党在新中国成立初期就认识到了节俭的重要性，并且坚持以勤俭来建设社会主义，从而取得了巨大的成功。

俭

汝①是无产者，勤俭是吾宗②。

——陈毅《现代语录》

注 释

①汝：你。

②吾宗：我们的宗旨。

解 读

你们都是无产阶级劳动者，勤俭是我们的宗旨。这是陈毅元帅写给孩子的诗，鼓励孩子要勤俭节约，表现了老一辈革命家廉洁奉公的气节。

勤是摇钱树,俭是聚宝盆。

——格言

解 读

辛勤劳动,可以帮助人获取财富,也就是摇钱树,必须动手动脑,钱才会掉下来。节省不浪费,就可以把平时不注意就浪费掉的积攒起来,积少成多,就形成了聚宝盆。这里说的是要把勤和俭结合起来才能致富。

俭

克勤克俭粮满仓，大手大脚仓底光。

——格言

解 读

这句生活格言告诉人们，能够做到勤和俭相结合，就能够积蓄下满仓的粮食，如果大手大脚，不知道节俭，那么粮仓就会空空如也。教导人们既要勤更要俭才是居家生财之道。

检

第三辑

范例篇

FANLIPIAN

俭

　　鲁迅先生曾在《中国人失掉自信力了吗》一文中说过："我们从古以来，就有埋头苦干的人，有拼命硬干的人，有为民请命的人，有舍身求法的人……虽是等于为帝王将相作家谱的所谓'正史'，也往往掩不住他们的光耀，这就是中国的脊梁。"本辑所选正是作为中国人道德脊梁的行为故事。他们以自己的实际行动诠释了什么是道德上的崇高。这些故事不过是古往今来具有高尚道德情操的中国人的行为范例之沧海一粟。虽然他们的行为有其时代的烙印和局限，但正因其为后人立德，故而获得了不朽的意义。

躬行节俭罢露台,"文景之治"创盛世

大汉王朝是中国历史上第一个黄金时期,在历史的风云变幻中,出现了很多明君治臣,汉文帝就是其中之一。

文帝名刘恒,是汉朝开国皇帝刘邦之子。小时候的刘恒即谨慎沉稳,生活朴实,不事张扬。登基做了皇帝后,他从自身做起,带头推行节俭。汉文帝在位期间,国家繁荣昌盛,他和汉景帝的统治在中国历史上被称为"文景之治"。

汉文帝登基之时,正值西汉王朝初建,经历秦汉时期的连年战乱,百姓困苦不堪。在当时,即使是皇帝出行也凑不齐四匹同样颜色的马拉车,宰相只能乘牛车出行。老百姓的生活更是非常贫穷,整个国家处于百废待兴之中。

刚刚坐上皇位的汉文帝心里非常焦虑,常为国家如何富强而夜不能寐。他多方听取大臣的建议,决定继续施行休养生息的政策,在全国推行节俭之风,希望让百姓能够过上丰衣足食的日子。

但是怎样才能推行节俭呢?

思考了很长时间,对照秦朝灭亡的经验,汉文帝认识到只有从上到下树立榜样,才能真正倡导节俭之风,否则"上有所好,下必甚焉"。并且,朝廷官员的节俭会减少各种费用,降低税赋,减轻百姓负担。俭还能够促进政治清明,使官员廉洁自律。由此,汉文帝推行了这样一条节俭的方法:

首先,皇帝以身作则,以"俭"诏示天下;

其次，对朝廷的官员颁布严格规定，让他们也成为节俭的榜样，从而戒除贪奢之风；

最后，以此引导百姓俭朴而持家有度。

这一切是从他自己开始的。他恪守节俭，对皇宫内的生活起居严格规定了制度，禁止任何人逾越制度。

汉文帝做了二十三年皇帝，在此期间，汉文帝和后宫嫔妃都住在以前皇帝住过的房间里，没有再另外修建房屋。在日常生活中，所用器物也都是原来皇帝留下来的，使用的车、马、服装都是旧的。汉文帝平时穿着是用粗糙的黑丝绸做的衣服，并且一件衣服穿了又穿。皇后和后宫中的嫔妃、宫女，衣服也很俭朴，禁止穿戴锦衣绣袍。在皇帝居住的房间里，挂的都是没有龙凤花纹修饰的帷帐。

在古代，专供皇室游玩的花园非常大，有专门供给皇室中人打猎的地

方，老百姓不允许进入，如果
不小心进入，就会遭到严厉的
惩处，甚至被处死。汉文帝时，
有些禁苑荒废了，于是，有人建议他开辟新的
花园和打猎场所以便游乐，这遭到了他的严词
拒绝。汉文帝还发现，皇室的禁苑妨碍了老百姓生活，他就干脆开
放这些禁苑，让老百姓随意出入，方便进行生产劳动。

　　在位期间，汉文帝一直保持着节俭的生活，这在历史上是很少
见的。他为自己修建的霸陵，一反历史上皇帝修建陵园的豪华之
举，所用的建筑材料都是瓦器，不用金、银、铜、锡作为修饰，并且不
大兴土木，而是依据山的形状建造，节省了大量的人力物力。皇帝
都这样做，官员们谁也不敢明目张胆地奢侈浪费，朝廷上下形成了
良好的节俭之风。

　　汉文帝自己树立了节俭的榜样，接下来就是严格规定朝廷官

员也要俭朴、廉正。

他多次颁布诏书,通过制定制度的方式来倡导节俭。比如说,当时有很多的地方官员和分封到各地的王侯,他们为了讨皇帝欢心,往往会贡献很多的奇珍异宝,汉文帝下诏禁止这种行为,并且明确地表示,谁要是征集珍宝,就要治罪。官员再也不敢以这些珍宝为贵,从而也不能以缴纳贡品为名搅扰百姓。经过了这样一步一步的治理,国家逐渐富强起来。

关于汉文帝的节俭有一个非常有趣的小故事:

有一次,汉文帝在皇宫内散步,他和随行的侍从信步走到一个空旷的地方,他觉得如果在这地方修建一个露台的话,可以在上面俯瞰皇宫和休息,并且皇宫的布局也会更加美观。他身边的侍从也说修建一个这样的露台很合适。但是,自从汉文帝住进皇宫,就一直没有动过土木工程,这要花很多钱吧?一想到钱,他开始犹豫了。侍从说,这样一个简单的露台花不了多少钱。汉文帝想了想说,还是先确定一下价钱吧。

他没有去问大臣,而是派人直接将工匠召集来,仔细询问修建露台所需价钱。在古代,一般老百姓见不到皇帝,工匠们诚惶诚恐地来到皇宫。没有想到皇帝是要跟他们算一算建露台的价格。皇帝仔细询问了所需的建筑材料钱、工钱等,工匠看到皇帝这样节俭,异常感动,就跟皇帝一起计算了各种费用,仔细到每一项的必要支出,在筹划时,也尽量节省。

最后终于算出了总的价格,建造一个这样的露台,要用一百金。汉文帝看到计算的结果有点儿失望,说:"一百金是很大一笔钱啊!"他接着又自责地说:"这笔钱等于是十户中等水平的人家的财产啊！我住着先祖留下来的宫殿,常常担心不能将国家治理好,愧对这巍峨的宫阙。现在,我又何必再造此露台呢?"于是他坚决放弃了建造露台的想法。

建一座露台对整个国家来说或许算不上大的耗费，但是汉文帝的行为和态度表明了推行节俭的决心,影响了全国官员的态度。经过汉文帝的统治,西汉逐渐变成了一个强大的国家。

"四知先生"的遗产

下不能诛奸臣，上不能规谏君王，有何面目活于世上！我死之后，以杂木做棺板，以粗布做寿衣，既不要送我回归祖茔，也不要设祠祭祀。

一位老人悲愤地说完上面这段话，端起一杯毒酒，饮尽而亡。这位年已七十多岁的老人叫杨震，官至太尉（汉朝掌管军事的最高官员）。夕阳中，寒风瑟瑟，就在通往洛阳的官道边上，这位朝廷高官含恨离开了人世，他留给子孙的所有遗产，只是"清白"的品德。

杨震20岁的时候，因为才学出众，很多的州郡长官征召他去做官，都被他拒绝了。他热衷于教育事业，开始自费设立私塾，教授学业，其教育生涯长达三十多年。他很有学问，教学有方，对学生很和蔼，因此，家长和学生都很敬重他，求学者络绎不绝。他教过的学生超过了三千人，被后人称为"关西孔子"。杨震授徒不收学费，养家糊口就靠种地维持生活，在课余时间他还要到田里干活，收拾庄稼和蔬菜。学生们看到老师上了一天课以后，还要干这么重的农活，就悄悄地商量，大家轮流去地里帮老师干农活。杨震发现后，马上制止了他们，他一再强调读书是学生的本分，读书比帮他干活更重要。

杨震教过的学生一批又一批，不管哪个学生来看老师，他都从不收礼。杨震一直保持着清廉的气节。他总觉得自己是先生，要为人师表，一言一行都应是学生的榜样，所以对自己的要求十分严格。到了 50 岁的时候，杨震才不得不应诏出来做官。他当官期间，从不谋取私利，拒绝一切请客送礼的行为。他的子孙跟普通老百姓一样，蔬食步行，生活非常俭朴。

当时有个人叫王密，杨震推举他做了官，当了山东昌邑县（现山东省昌邑县西北）的县令。有一年杨震被派到山东的东莱任太守，正好是王密的上司。上任途中，路过昌邑，他就在那里住了一天。

王密得知太守是推荐自己的杨震，喜出望外，当天晚上就带了重金前去拜访。王密来到杨震的驿所，看到他正在灯下聚精会神地读书。听说自己的旧相识前来拜访，杨震自然很高兴，他向来爱护人才，希望自己举荐的人都能成为栋梁之才，为国家多作贡献。杨震忙请他进屋

坐下,想好好跟他聊聊,问问他的治理情况,了解一下这个地方的风俗民情。

可是,王密进屋后,马上就把一个沉甸甸的布包放在桌面上,顾不上跟他多说话,就打开布包露出了黄灿灿的金子。杨震一看,眉头紧皱,问:"你这是干什么?"王密说:"这是我对先生的一片心意,请先生收下。"但是杨震执意不收,并且对王密说:"为官最重要的是清廉,你只要能为老百姓做事,就是对我最好的报答,我了解你,你为什么不了解我呢?"

后来,王密见杨震坚决不收,就有点儿着急了,说道:"现在是夜里,无人知晓。"杨震一听,感到受了莫大的污辱,难道自己不收受贿赂就是因为怕别人看见吗?这时他也明白了王密的来意:他在自己管辖的范围内当官,这分明是行贿讨好,拉关系,求照顾呀!杨震气愤极了,非常生气地说:"天知、地知、我知、你知,怎能说无人知道呢?"杨震认为一个人做事一定要光明磊落,不能只在表面上做样子,要对得起天地良心,这是他一贯的处世原则。王密听后十分惭愧,只好作罢,将金子原封不动地拿了回去。

后人因此称杨震为"四知先生"。

杨震当官多年,仍像以前教书那样从不收礼,一直过着粗茶淡饭的俭朴日子。他不仅这样要求自己,也同样要儿孙们照着他的样子去做。杨震官至太尉,是非常大的官,亲朋好友劝他像别人那样为子孙后代置办些产业,杨震坚决不肯,他说:"让后世人都称他们为'清白吏'子孙,这样的遗产,难道不丰厚吗?!"

拒建新殿因史鉴，戒奢尚俭开"贞观"

在中国的历史长河中，涌现了无数治国明君，唐太宗李世民就是其中一位，李世民的名字就取"济世安民"之意，表达了他的远大抱负。在他的治理下，开创了"贞观之治"辉煌的历史篇章。

唐太宗经历过战火连绵的年代，深刻认识到了"民"的重要性，他把百姓看成能够载舟也能覆舟的"水"。因此，他在位二十三年，注重节俭，不滥用民力，从不轻易征发百姓去服徭役，非常注意让百姓休养生息。在他身体力行的带动下，当时的社会形成了一种朴素求实的风气。

"贞观之治"是我国历史上最为璀璨夺目的时期。唐太宗认为：作为君王，应该通过节俭来培养自己的德性，一心治理天下，而不是满足自己的欲望。君王是群臣、百姓们的表率，而且影响着世风流俗。

唐太宗经常以历史为借鉴，汲取教训。有一天，他像往常一样，早早上朝处理国家大事，当时，外有匈奴威胁，内有灾害发生，需要处理的事情很多。正在朝上议事时，他突然感到气急胸闷、难受异常，差点昏厥过去。大臣们见状，赶紧叫来御医，并且劝他回寝殿休息。他靠在龙椅上休息了一会儿后说，这是老毛病了，不要紧的，把要处理的事情办完再回去吧。他得的这种病的特点是不能住在潮湿的地方，否则病情就会加重。然而他现在住的宫殿都是前朝留下的旧房，虽然是皇宫，但是年代久远了，里面很潮湿，自从他登基以来，就没有重新建过新殿，御医多次建议他不要住在旧殿中。

　　经历了这一次事件，大臣更是坚持要唐太宗从旧殿搬出来，再造一座新殿。由于病情的加重，唐太宗心动了，决定要造一座新的殿宇。为了不给百姓增加负担，他让皇宫里的人亲自筹集了木材、料具、石头，并且亲自去过问，了解这些建筑材料是怎么收集的。最后，材料全都准备齐全了，要招集工匠动工的时候，他却犹豫起来。他想到了历史上的前车之鉴。从远处来看，在秦朝有秦始皇奢侈无度，滥用民力；就近来看，有他刚刚率军推翻的隋炀帝荒淫放纵。唐太宗认为他们都是因为追求个人的物欲享受，最终导致了亡国败政。想起这样惨痛的历史教训，他出了一身冷汗。自己虽然是建了一座宫殿，但是，那些暴君不就是从微不足道的欲望开始的吗？他便立即停了下来，毅然放弃了这个念头，继续身居旧殿从政。

　　作为一代明君，唐太宗有着过人的胆略和巨大的胸怀，他通过这样一件看来很平凡的小事，深深体会到了治国的

道理,并且准备以此来警戒官员。

在他决定放弃修建新殿的第二天,他把自己的思想转化过程、自己由此得到的教训坦诚地告诉了大臣们。他认为:不管人君也好,臣子也好,百姓也好,都是人,是人便是血肉之躯,便有七情六欲,人见了好的东西都会产生欲望,但是人却不应该做欲望的奴隶,而应洁身自好、控制欲望、戒除奢侈。最后他总结道:"如果总是追求满足自己的欲望,那么心就会混乱,失去自制,沉溺于那些雕饰精巧的珍宝。喜欢得到珠宝玉器,讲究穿华丽的衣服,如果滋长那样的恶习,国家就危险了,其衰亡很快就会到来。"

这件事过去后,他还特地宣布了一道诏书:"从皇上和各大臣起,一直到最下面的官员,住宅房屋、车马、服装、婚嫁、丧葬的礼仪等一切不合规定的,都要禁止。"以此要求各官员带头节俭,禁止奢华。唐太宗拒绝修建新殿这件事,对朝廷官员进行了一次深刻的教育,这体现了他以俭治国的决心。

在唐太宗的倡导下,大部分官员都勤于政事,保持节俭的风气。国家和老百姓的生活日渐富庶。到了贞观八九年,牛马遍野,百姓丰衣足食、夜不闭户、道不拾遗,出现了一片欣欣向荣的升平景象。

俭朴本色接圣驾，不置田产真宰相

北宋都城汴京的大街上，一贯熙熙攘攘、非常热闹。但是，有一天早晨却异常安静，行人早早避开，地面被打扫得干干净净。看这样子，是有重要人物经过！

果然，日上三竿，远远过来一大队仪仗威严的队伍。从仪仗的规格上看，这队人马非同小可！竟然是皇帝出行。车仗一直来到城中一座普通的宅邸前，出来迎接皇帝的人，看起来非常平凡，他身上的衣服虽干净整洁，但是已经很旧了，有很多地方已经洗得泛白。

远远观看的人群中，有知道消息的人说，这是皇帝来探望生病的大臣。人们更好奇了，这人是谁呢，能让皇帝亲自来家里探望？这个人可不简单，他9岁能诗文，13岁攻读《诗经》，14岁开始招生收徒做老师，现在为当朝宰相。他就是范质。范质清正廉洁，留名青史。当宰相的时候，他从不接受各地馈赠之礼，甚至自己的俸禄和所得的赏赐也大部分送给了老弱孤寡。

本来，从南北朝以来，社会上形成了宰相从地方索取贿赂、好处的恶习，到了范质为相时，他带头根除了此恶习。当时的皇帝是宋太祖赵匡胤，他对范质的节俭也早有耳闻，今天来探病，也是看看范质的家里到底如何。

按常理说，皇帝到大臣的家里探病，是臣子的巨大荣耀，应该盛情款待，用家中最好的东西才行。可是在范质的家里实在找不到一件好的待客用具，就是请皇帝喝茶，找个好点儿的杯子也

没有。

宋太祖到屋里落座，家人奉上茶水，所用的都是市面上常见的粗瓷茶具。皇帝虽然知道范质节俭，但还是没有想到他居然用这样的粗瓷杯来招待自己，心里感到很不高兴，心想：他是朝中一品高官，怎能如此穷酸？是不是故意摆样子啊？

到了中午吃饭的时候，饭桌上就是米饭和几盘青菜。宋太祖在心里默默地算计着宰相的俸禄，心想，他的钱也不少啊？就是自己的俸禄也花不完啊。这肯定是在摆样子让我看，不过，摆得也太过分了，简直是在丢朝廷的脸！毕竟是开国皇帝，赵匡胤非常开明，他并没有立刻发火，吃饭后，就回去了。

过了一段时间，皇帝没有通知范质，只是带了几个贴身的随从微服出访。他悄悄来到范质的家里，进去以后，发现和第一次去时完全一样，范质家用的东西根本就没有变。

之后，皇帝又去了几次，经过仔细观察，这才发现范质在家里一直就这样，根本就没有奢华的家具和用品。范质的生活异常节俭，睡的是硬板床，床上铺的是旧棉被，其他家具也是旧的。皇帝这次是真的相信了，范质已经习惯了这样的生活，根本就没有想到摆样子。但是宋太祖仍然觉得不合适，提倡节俭是应该，这样也太艰苦了，根本不像宰相的家！这样也有损于朝廷的面子！于是，皇帝回去后就派人送去了雕花大床、新的被褥和精美的茶具等，希望他在生活方面能够条件好一点儿。

不久，皇帝又去范质的家里，想看看他所赐的东西怎么样。但他看到范质仍旧使用粗瓷杯盘，仍旧睡硬板床和旧棉被。皇帝这次感到更加疑惑不解，就问道："爱卿身为宰相，何必这样同自己过不去呢？我送给你的总可以用吧？"范质微微一笑，拱手回答道："陛下给我那么多俸禄，岂能置办不起好家具？我并不是缺乏钱财，只是作为宰相，倘若摆设豪华，过分奢侈，那么，来访的大小官吏便会一一效仿，这样，岂不带坏了朝野风气，我又怎么能管理那些官员呢？这不成了千古罪人吗？"

范质去世时54岁，临终之时"家无余资"。临终，他告诫儿子不要向皇帝请求死后的谥号，也不要刻碑立传，就举行一个简单的葬礼即可。

太祖得知范质死讯，非常悲痛，三天不上早朝，以示哀悼。他对范质评价说："身居高位，不为自己置办财产，是真正的宰相啊！"宋初得以走向稳定和统一，很大程度上得益于由范质这样的人组成的清正廉洁、俭朴能干的官员队伍。

断齑画粥，立志求学

范仲淹是宋代著名的政治家和文学家，从小甘于艰苦生活，以节俭修身，养成了不屈不挠、坚持正义的品质，他的千古名句"先天下之忧而忧，后天下之乐而乐"，就是他一生的写照。

范仲淹两岁的时候，父亲因病去世，母亲带着弱小的他，贫苦无依，生活没有着落。万般无奈之下，母亲只好带着他改嫁到了一户姓朱的人家。

朱家是山东长山的大户人家，家境殷实，生活富足。范仲淹很小就跟着母亲来到朱家，对自己的身世一无所知，朱家的人和母亲也从来没有对他提起。他一直就认为自己是朱家的孩子，朱家人对他们母子也很好。范仲淹从小就聪慧好学，显示出了过人的天赋，全家人都支持他读书。

范仲淹不仅聪明，而且从小读书就十分刻苦，他天天沉浸在书的世界里并乐在其中，书中的仁人志士为他树立了榜样。在这些榜样的激励下，他为自己树立了远大的志向。他看到古代的君子、圣人既博学多识，又有着过人的坚强毅力。为了向他们学习，他选择了以清苦的生活来磨炼自己的毅力。本来他在朱家吃穿不愁，为了锻炼意志，他决心自己去过清苦的生活。恰好，在他家附近有一座小山，叫长山，在山上有一座醴泉寺，环境非常清净幽雅，范仲淹决定去那里寄宿读书。

每天，他早早便起来开始读书，一直读到很晚才休息。有时候，范仲淹读书读到兴致处，不觉一气就到天明。

寺里的僧人早起诵经，经常看到范仲淹还在点着灯，入神地读书，就跟他开玩笑说，你起床可真早啊！他这时才恍然觉出一夜没有休息，就赶紧站起来，活动活动身子，去自己做饭了。

他做的饭每天都是一样的，就是在锅里煮一些很稠的粥，然后盛到碗里，等到凉了以后，划成四块，早晚各取两块；将一根咸菜切成几段，拌上醋汁，然后和粥一起吃，吃完后继续读书——这便是后世所传的"断齑(jī)画粥"。他对这种清苦生活毫不介意，用全部精力在书中寻找着自己的乐趣。范仲淹给僧人们留下了深刻的印象，他们都很敬佩这个年龄不大、非常用功的青年，都说这个孩子以后一定能够成为一个了不起的人物。

成年以后，一次偶然的机会，范仲淹知道了自己的身世，发现自己原是望亭范家之子，而这些年来，自己一直靠继父的关照度日。这件事对范仲淹的刺激很大，他不想依靠别人，决心脱离朱家，自立门户，待将来成家立业，再接母亲归养。于是，他匆匆收拾了几样简单的衣物，佩上琴剑，不顾朱家和母亲的阻拦，流着眼泪，毅然辞别母亲，离开长山，徒步求学去了。

后来，范仲淹来到了应天府书院，应天府书院是宋代著名的四大书院之一，这里学者云集、人才济济，他们中大多数人志向高远、操行廉洁。进入这样的书院读书，范仲淹非常高兴，这里既有名师可以请教，又有许多同学互相切磋，还有大量的书籍可供阅览。况且书院免费就学，更是经济拮据的他求之不得的。在这里求学的时候，范仲淹的才学和刻苦的精神深受师生们的尊重，范仲淹的才华也得以展现。

在这里,他仍然保持着俭朴的生活习惯,从来不在意衣食。他的一个同学是应天府留守(应天府的最高长官)的儿子,跟他很要好,很敬佩他的才学。看到他常年吃粥,就带了很多精美的食物给他,对他说,别只是吃粥了,换换口味吧!并且不顾他的推辞,把食物放在了他的屋里。

但是,他竟一口也不尝,听任那些佳肴发霉坏掉了。他的同学见到这样,很不高兴,跟他说:"我好心给你带这些好吃的,你怎么都放坏了呢?"他对同学作了个长揖致谢说:"我已经习惯于断齑画粥的生活,担心一享受美食,日后就咽不下粥和咸菜了。"范仲淹最终成为中国历史上著名的政治家和文学家。

"屋梁悬钱"巧节俭,约法三章拒宴请

遇到逆境是每个人都会经历的,而在逆境中以积极的心态去面对困难,体现的是一个人的智慧,也能表现出人的品质和顽强的毅力。

苏轼号"东坡居士",是北宋著名文学家,他和父亲苏洵、弟弟苏辙合称为唐宋八大家中的"三苏"。苏东坡才华横溢,文思敏捷,在为官期间不仅躬亲为民,而且十分注重以俭养廉。苏东坡做官多年,"心则在民",而自己清慎一生、戒奢以俭,在百姓中享有很高威望,大家都视他为父母官。

在人生遇到巨大困难的时候,苏东坡以平和的心态面对发生的一切,节俭有方,传为美谈!

有一年,苏东坡被朝廷降低职务,贬到边远的黄州(今湖北黄冈市),这个地方在北宋属于蛮荒之地,到处充满疫气,又特别潮湿,一般是犯人充军发配的地方,很多人葬身此地。苏东坡被贬后,职位很低,俸禄极少,生活非常艰难。

苏东坡也曾一度很消沉,觉得返京无期。但是看着幼子弱妻,他还必须坚强起来,想方设法地生活下去。

为了渡过难关,他采取了两个办法:一个是开源,一个是节流。开源就是在生活上自给自足。恰好,黄州通判是他原来的好朋友,他通过黄州通判从州府要来五十亩荒芜的旧地,亲自耕种。这一片地位于黄州的东坡,苏轼给这块地起名叫"东坡",自称"东坡居士"，"苏东坡"就是由此而来的。他经常亲自带着家人去田里劳动，筑水坝，建鱼池，从邻居处移树苗，从老家四川托人找菜种，辛苦耕耘，用这些劳动的收成补贴家用，而不受人怜赠。他认为：物质上的欲望永远没有止境；只有节俭，才能惜福延年。到了第二年的春天，苏轼在这里建筑了一所简单的屋子，起了名字叫"东坡雪堂"，并且写了一篇《雪堂记》。

对付贫困，苏东坡采取的另一个办法是节流。苏东坡十分注意节俭，他辞退了身边的仆人，给自己制订了每天的开支计划。他所制订的计划是这样的：把所有人的收入和手边的钱计算出来，然后将这些钱平均分成十二份，每月用一份，每份中又平均分成三十份，每天只许用一份。这些钱全部分好以后，苏东坡把它们一份一份挂在屋梁上，然后每日清晨从屋梁上挑下一包。拿到一包钱后还要计划当天的开支，能不买的就不买，同样的东西要挑便宜的买，一日下来的钱只准剩余，不准超支。苏东坡把每天节省下来的钱放到一个竹筒里，这个竹筒里的钱专门用于家中的另外开支。

就这样，苏东坡一家人过着清苦的日子，渡过了难关。日子虽然苦一些，但他

们一家人倒也很快乐，对前途也充满了希望。苏轼有一个很好的朋友叫秦观，字少游，也是北宋著名的词人。在黄州的时候，苏轼经常和他有书信来往。在书信中，苏东坡谈到自己在黄州的每日计划开支的清苦情景时说："我想我之所以能支撑到现在，和我的节俭计划是分不开的。我估计现在手中的钱还可以用一年多，所以也没什么可担心的。"一个人拥有俭德，不仅能节俭，而且还要会节俭，节俭才能办大事。

后来，苏东坡又回到朝廷，并且做了很大的官，在黄州的经历让他时刻铭记在心，他仍然注重节俭，反对奢华。

苏东坡在老年时为自己写了一篇警策小品文——《记三养》。他自定每餐只能有一杯酒一个菜，有尊贵的客人来了，也只能增加两个菜，用三个菜来待客，并且只能减少而不能增加。由于他的官职很高，更加上他的才学名气，经常有人宴请他。他如果推脱不了，就要预先告诉对方以上吃饭规定，如果主人不同意就拒绝前去。他在文章中还专门总结了这样用餐三个方面的好处：第一是安分养福，第二是宽胃养气，第三是省费养财。

苏东坡不仅这样写，而且坚持这样做。

有一次，一个熟识的朋友请他赴宴，并且答应了他的条件。苏东坡就如约前往，当到了朋友家以后，却看到对方摆了丰盛的宴席。朋友见他不高兴，就解释说：今天的客人太多了，并且有多年不见的老友，总不能太慢待了别人。但是苏东坡说，会朋友是应该的，但是我也不能违反了自己的原则。他断然拒绝参加宴会，回到了自己的家中。从此以后，人们请他吃饭便只能按照他的要求去做了。

治家谨严的山西首富

"乔家大院"位于山西省祁县乔家堡村,现在成了著名的旅游景点,被专家学者誉为"清代北方民居建筑的一颗明珠"。民间流传着这样的说法:"皇家有故宫,民宅看乔家。"

整个大院布局严谨、设计精巧、建筑考究、精工细做,充分显示了我国劳动人民高超的建筑工艺水平。这座誉满海内外的宅院经过了几代人的修建,最终是在乔致庸的手里建成的。

乔家虽然富甲一方,但治家很严,保持节俭的家风,这也是成就乔氏大族的根本。尤其是乔致庸,他是中国历史上著名的儒商,经营有方,善于管理,持家节俭。但是,既然他推崇节俭,为什么后来修建了这么显赫的住宅呢?这其中是有原因的。

本来乔家一大家人住的是祖传老宅,虽然有过多次修建,但并不像现在大家所见到的那么豪华。到了清末,由于国家衰败,外国列强通过鸦片贸易、侵略等手段,巧取豪夺,大批的银子流向国外。乔致庸看到这样的情形,便产生了不惜重金扩建祖宅的想法,因为他感觉在这样的乱世,说不定千万家财一下子就化为乌有,或者就直接流向国外。

乔致庸的这一决定,给中国建筑史留下了宝贵的财富,让我们得以欣赏这样的建筑奇迹。

通过乔家的节俭家风也可以理解乔家为什么能够如此兴旺。乔家治家严谨,推崇节俭,制定了严格的家规,要求乔家子孙必须

遵守,否则就会受到严厉的惩罚。其中规定:

一不准吸毒;

二不准纳妾;

三不准虐仆;

四不准赌博;

五不准冶游;

六不准酗酒。

这些家规既杜绝了家庭成员惹是生非,又成为家庭稳定发展的保证,同时也对乔家子孙品德教育起到了促进的作用。为了使家族兴旺,子孙有为,乔致庸对乔家子孙从小就进行教育。

他将《朱子治家格言》作为儿孙的启蒙必读之书,并将其写在屏风上,作为日常的行为规范。他经常告诫儿孙戒"骄、贪、懒","待人要丰,自奉要约",也就是说,对待别人要大方,而对待自己要俭约。如果儿孙有人有过错,就责令犯错者跪地,背诵《朱子治家格言》。

乔家虽然是巨富之家,但是特别重视节俭,绝不允许有人浪费粮食。

有一次,在吃饭的时候,乔致庸恰巧碰到他的一个孙子将没有吃完的半碗饭丢弃了。这是他平常很喜欢的孙子,聪明伶俐。乔致庸把他叫来。小孙子平常在爷爷面前很受疼爱,开始并没有害怕。但是这次乔致庸非常严厉地命令他跪在地上,小孙子以前从来没看过爷爷这么生气,开始害怕了。乔致庸拿来书,一遍遍地让他背诵:"一粥一饭,当思来之不易,半丝半缕,当念物力维艰。"孩子的妈妈只是远远看着,也不敢来说情。直到后来,他哭着承认错误,磕头谢罪，乔致庸才让他坐下来，一本正经地对他再做一番训教，说一遍乔家祖先的创业艰难。小孙子保证以后不再犯，才得到了乔致庸的原谅。

在乔家，不管是谁，只要是浪费，就都会受到严厉的教育。经过这样的教训，乔家子孙极少有浪费行为。乔致庸还把亲拟的对联挂在内宅门上，以教育其儿孙，其对联称："求名求利莫求人，须求己；惜衣惜食非惜财，缘惜福。"以此告诫儿孙，注重节俭，不要贪图安逸，坐享祖宗留下的产业。

乔家有个"报本堂"，在那里供奉着乔家的第一代

祖先,在祖先像旁边有个要饭的篮子和一根打狗棍。原来,在乔家还没有起家之前,他们的祖先曾经乞讨过,做过乞丐。乔家并不隐瞒自己祖上贫穷的历史,反而要家族后代记住这一贫困史。不只是乔致庸,包括到乔致庸的孙子一代,每到过年时候,他们都要用车拉着米面,给那些贫穷的家庭送过去,帮助他们渡过年关。同时也提醒自己,不要忘记乔家也是贫穷出身。

有钱也能节俭,花钱并不意味着就奢侈,关键是要看怎样花钱。在灾年的时候,乔家宁愿倾家荡产给十万难民设立粥厂,但是,子孙浪费半碗米饭乔致庸也要教训半天。山西有很多大家族的宅院都有戏台,但乔家没有,怕的就是后人玩物丧志。也正是因为拥有这样的家风,才成就了乔家的产业。

为革命事业，笃守清贫

> 我从事革命斗争，已经十余年了。在这长期的奋斗中，我一向是过着朴素的生活，从没有奢侈过。经手的款项，总在数百万元；但为革命而筹集的金钱，是一点一滴的用之于革命事业。
>
> ——《清贫》

革命先烈方志敏的《清贫》一文，激励了无数后人，他为了实现新中国的成立，坚持自己的信念，不向敌人屈服，最终英勇就义。他是党早期的领导人，很早就参加了革命，积极组建红军。他在革命工作中一直廉洁奉公、节俭自持。

在担任省苏维埃主席时，方志敏有一次到地方检查工作半个月，在返回省会时，途经家乡，他便顺路回家看望母亲。

方志敏刚到家，那些受苦受难的婶婶们听说了，就都来看望他。"呦！正鹄（方志敏的乳名）当大官了，难得转回来啰！如今兴苏维埃了，大家都奔好日子，可我们家还常缺钱来买盐吃。你在外面又照顾不到我们，唉……"方志敏早就领会到了婶婶们的来意，是向他讨买盐钱，便笑着答话："哈哈，我什么时候成了财主老板，回来就可以照顾你们，帮你开销买盐钱？"婶婶们涨红着脸，辩解说："都说你掌管着苏维埃几十万、几百万呢！你们公家饭碗里撒掉两个饭粒也够我们开销一年半载，还在乎这两角子盐钱！"方志敏解

释说:"我管的花边(银元)是不少,几十万几百万也有。不过都是革命的花边,一个铜板也动不得,要全部用在苏维埃的事业上。要是我拿革命的花边给婶婶们买盐,这穷人的主席我还当得?"

方志敏不仅对自己的亲戚坚持原则,对自己更是严格要求。有一年的冬天,方志敏穿着一件薄薄的破棉袄去参加苏维埃代表大会。天气寒冷,他冷得瑟瑟发抖,代表们看着都不忍心,于是合伙买了新棉袄给他送来。他反复给来人讲"要节省,要减轻群众负担"的道理,执意不收。一旁的警卫员实在看不过去了,就说道:"你当苏维埃主席,穿件破棉袄,人家看不过,收下了又有什么了不得?""当苏维埃主席,更得事事注意。一不留意,就不是我一个人的事!"他回答道,并且坚决不收。

为了节俭,他在生活中处处注意,做报告、开会、讲话时不喝茶,只喝白开水。他从不接受礼品,也不允许红军部队、苏维埃机关接受任何礼品。他到各地巡视工作从来不准许招待,谁招待就批评谁。

节俭的意义,不是什么钱都不花,而是要识大局,不该花的钱坚决不浪费,该花的钱毫不吝啬。往往自己的节俭就是对别人的慷慨。

方志敏同志就是这样的,他自己保持清贫廉洁,但对党中央所在的苏区财政却给予了极大的关心和支持。他说中央苏区大,开支也大,经济来源有限,要尽可能地支援中央苏区。他每年都要向中央苏区上缴大量资金,仅1933年1月就先后两次托人带给中央苏区金子三百五十两。他被捕后,在狱中给人写信时还说:"生活要尽量朴素化,不要奢侈,不慕虚荣。"

1935年1月,组成北上抗日先遣队的红十军团陷入敌人的重围之中,在数倍敌人的包围下,部队被敌人分割成了两个部分。一开始,经过浴血奋战,方志敏率领的八百余人冲出了包围圈。但是,却发现大部队并没有跟上来,还仍然被敌人包围着。方志敏是部队的主要领导,他坚持去寻找被围的部队。另一位负责人说:"你是主要领导,还是让我去吧!"方志敏说:"不行!我没有理由留在这里,我要把战士们带出来!"方志敏不顾个人安危,又返回到敌人的包围圈内,并且最终找到了大队人马,但是大队人马已经被敌人团团围住,敌人已经发现了这是红军的主力,拼命向他们发起了进攻。部队经过与敌人激烈的搏斗,只剩下了八十多人。方志敏已经七天没吃东西了,饿得两腿站不住。他带领战士们翻山越岭,鼓励战士们说:"吃不得苦,革不得命。苦算什么,越苦越要干。"

由于叛徒的出卖,方志敏不幸被捕。有两个国民党士兵在树林中发现了他,当猜到方志敏是什么人的时候,他们满肚子热望在方志敏的身上搜出一千或八百大洋,或者搜出一些金镯子、金戒指一类的东西,发个意外之财。

但是从上身摸到下身,从袄领捏到袜底,除了一只怀表和一支自来水笔之外,他们一个铜板都没有搜出来。他们感到很愤怒,其中有一个拿出手榴弹,威吓方志敏道:"赶快将钱拿出来,不然就是一炸弹,把你炸死!"

"哼!你不要作出那难看的样子来吧!我确实一个铜板都没有存;你们想从我这里发洋财,是想错了。"方志敏微笑着淡淡地说。

"你骗谁！像你这样当大官的人会没有钱？"拿手榴弹的士兵坚决不相信。

"决不会没有钱的，一定是藏在哪里，我是老出门的，骗不得我。"另一个士兵一面说，一面弓着背重新将他的衣角裤裆仔细地捏，总企望着有新的发现。

"你们要相信我的话，不要瞎忙吧！我不比你们国民党当官的，个个都有钱，我今天确实是一个铜板也没有，我们革命不是为着发财！"方志敏再向他们解释。

"是不是还要问问我家里有没有一些财产？请等一下，让我想一想，记起来了，有的有的，但不算多。去年暑天我穿的几套旧的汗褂裤与几双缝上底的线袜，已交给我的妻放在深山坞里保藏着——怕国军进攻时，被人抢了去，准备今年暑天拿出来再穿。那些就算是我所有的财产了。"

最后两个敌人士兵终究毫无所获，但是他们一直就很困惑，像方志敏这样的大官，怎么能这样呢？或许正是他们琢磨不透的这种精神，使共产党取得了最终的胜利。方志敏同志的一生体现了一个共产党员甘于清贫的高尚情操！

半截粉笔犹爱惜，公家物件总宜珍

在湖南第一女子师范学校，徐特立校长每天都要巡视全校，看到别人抛弃的粉笔头就捡起来，然后装在口袋里留给自己上课用。他在湖南第一女子师范学校的几年里，基本上没用过一支新粉笔。

有些学生不理解，反而觉得他太"小气"，因此徐特立特地写了一首《粉笔诗》抄在黑板上，公布在校园里：

半截粉笔犹爱惜，公家物件总宜珍。

诸生不解余衷曲，反为余是算细人。

徐特立的这一行为对全校师生进行了一次节俭教育。

徐特立同志在延安陕甘宁边区担任教育厅厅长时，条件很艰苦，他主动申请住在一间简陋的小屋子里。那间屋子既是他的办公室——用于接待各种人员、处理公务的地方，也是他的卧室——睡觉、休息的场所。并且这样的一间小屋子也不是他一个人"独占"，环顾他的那间屋子，一张大炕就要占去屋子的一半；剩余的地方，既要放自己的办公桌，又要放和自己合住的警卫人员的东西。在这样的情况下，徐特立仍然安之若素，全然没有在意。

那时，边区机关工作人员都是在大食堂吃饭。他官至厅长，又在年龄上比其他人高出一大截，身体也不是很好。他完全可以向上

级提出设一个小灶,为他做特殊饭的要求。但他根本就没有这样的想法,同广大干部战士一样,吃大伙房里做的土豆、白菜、豆芽等。这和他长期养成的勤俭、甘于清贫的习惯是有关系的。

在那些年代中,他一直和战士们吃大伙房,有时加个豆腐之类的就算是改善伙食了。

董纯才刚从上海去边区工作时,没有住的地方,徐特立让他住到自己的屋子里,告诉董纯才他的大炕还能多睡一个人。董纯才一进屋就很吃惊,当他看到教育厅厅长徐特立的炕上只有一床旧棉被,他的衣物和普通老百姓一样时,从内心被徐特立身上勤俭朴素的优良品质感动了。徐特立在交谈时讲:"简朴的生活能锻炼一个人坚强的意志,也能陶冶人的情操。"他还讲自己过惯了简朴的生活,觉得只有这样才能精神愉快。董纯才听了徐特立的话语,非常感慨:多么淳朴的话语,唯有这样的话语,才能激励一代人,甚至今后几代人的冲天干劲;也唯有这样的话语,才能改变一个人,甚至几代人……

新中国成立后,1949年年底,组织上分给徐特立几间屋子,他也感到非常高兴,因为这样就可以和家人团聚了,他让女儿把他的爱人从湖南接来。

这所让徐老很满意的房子,实际上是一座很老的旧宅,也不大。由于屋子年久失修,地板都已经腐烂,有时候走着走着,一不小心就将地板踩个洞。于是他身边的工作人员要求中央办公厅换一间屋子,中央办公厅的同志经过调查,发现屋子确实不行,很快就答应给他们换一座房子。可是,在征求徐特立意见时,他却认为,把屋子里那些坏了的地方修一修,腐烂的地板换一换,屋子还是可以住的。国家刚成立,物资缺乏,根本就不必换新的房子。

中央考虑徐特立家屋子小,既要在家接待来访群众,又要摆放图书资料,他又坚决不换房子,就决定为他另外搭几间房子。他得知消息后,说:"现在人民生活还有许多困难,我怎能先为自己盖房子,花费人民的钱。还是等将来生产建设搞好了,人民富裕了再说吧!"办公厅一再解释,并根据他一贯提倡的节约精神,将费用降了一半,这才为他搭建了几间房子。建成后,他还一再讲钱花多了,那些新盖的房子窗帘布用得太好了。他经常说:"当年我们在延安就没有窗帘,不是照样干革命!必须继续保持和发扬小米加步枪的延安精神。"

徐特立经常教育身边的工作人员,不要浪费国家的能源和钱财。有时晚上已经睡觉了,但当他发现门灯没有关掉,水龙头没有拧紧时,就会立即从床上爬起来关好、拧紧,才回来踏实地睡觉。徐特立就是这样一个甘于清贫,把勤俭当美德的人。他去长沙时,机关、学校、医院、工厂都要请他去讲艰苦奋斗的故事。他说的一句话表明了他一生坚守的信条:"我们是革命队伍中的开路先锋,也是建设祖国各条战线打头阵的人。责任重大,困难很多,我们必须吃苦……"

九旬老人的助学情

　　一位 93 岁的老人,一生含辛茹苦,黯然离开了他给予了无数关爱的世界。他没有上过一天学,却倾尽了自己的一切,让三百多名学生上了大学。

　　一辆三轮车,三十五万元捐款,三百多名贫困学生,贯穿了老人平凡而又极其伟大的一生,深深留在人们的记忆中。

　　白方礼生于 1913 年,河北沧县人,由于家庭贫穷,他 13 岁起就给人打短工。

　　1944 年,白方礼逃难到天津,后来当上了三轮车夫,靠蹬三轮车糊口度日。

　　1949 年后,白方礼仍然靠蹬三轮车为生,但是成了为人民服务的劳动模范,养大了自己的四个孩子,其中三个上了大学,同时,还帮助侄子上了大学。这个不识字的老人,对自己把子女培养成大学生感到无比欣慰。老人虽然没文化,但特别喜欢有知识的人,从小就教导孩子好好学习。

　　1982 年,白方礼退休后,开始从事个体三轮车客运,每日里早出晚归、辛苦奔波,攒下了一些钱。

　　1987 年,老人已经 74 岁,他蹬三轮车,相当于绕地球蹬了十几圈。白方礼准备正式告别三轮车。

　　但是,一次回老家的经历却使他改变了主意,他又重新蹬上了三轮车,开始了新的生命历程。

白方礼回老家时，他在庄稼地里看到一群孩子正在干活，便问到："娃儿，大白天的你们不上学，在地里泡啥？"孩子们回答说："我们的父母不让上学。"这是怎么回事？他找到孩子的家长询问原因。

家长们说，种田人哪有那么多钱供娃儿们上学啊。老人一听，心里很不是滋味，这一夜，老人辗转反侧，再也无法入睡：以前家乡那么贫困，就是因为没知识。可现今孩子们仍然上不了学，难道还要让家乡一辈辈穷下去？不成！其他事都可以，孩子不上学这事不行！

回到家里，白方礼老人当着老伴和儿女们宣布："我要把以前蹬三轮车攒下的五千块钱，全部交给老家办教育。这事你们是赞成还是反对都一样，我主意已定！"老伴和孩子们知道，这五千元是老爷子几十年来存下的"养老钱"！可是谁也拗不过他。

随后，老人便分两次，将五千元捐给了家乡白贾村，建立起一个教育奖励基金会。村里人为了表示谢意，将一块写着"德高望重"的大匾送到了白方礼家。从那以后，老人又蹬上了三轮车。但是这次和以前不一样了，以前是千方百计挣钱养家，而现在却是把劳动所得捐献给公益事业。因此，他特别在他的三轮车上，挂起了一面写着"军烈属半价、老弱病残优待、孤老户义务"字样的小旗。

1994年，81岁高龄的白方礼在一次给某校的贫困生捐资会上，把整整一个寒冬挣来的三千元交给了学校，校领导说代表全校三百余名贫困生向他致敬。这话又引起了白老的思考：缺钱上学的孩子这么多，光靠我一个人蹬三轮车挣的钱救不了几个娃儿呀！何况自己也老了，这可咋办？

老人的心又沉重了起来。老人琢磨了一宿，第二天天还未亮他就把儿女家的门给敲开了。老爷子又宣布说："我准备把你妈和我留下的那两间老屋给卖了,再贷点儿钱办个公司。名字都想好了,就叫'白方礼支教公司'。"儿女们知道他的脾气,只好说道:"爸,您老看怎么合适就怎么办吧。"

不久,市长亲自给白方礼老人在紧靠火车站边划定了一块小地盘,正式成立了全国唯一的一家支教公司:"天津白方礼支教公司"。其实"公司"起初只是火车站边的一个八平方米的铁皮小售货亭,经营一些糕点、烟酒等杂货。不同的是,售货亭上面悬挂着一面南开大学献给老人的铜匾,写着"无私资助志在其才"。凭着卖掉老屋的一万元和贷来的钱作本钱,公司由开始的一个小亭子发展到后来的十几个摊位,连成了一片。最多一个月除去成本、工钱和税,还余一万多元的利润。

白方礼老人虽然成了董事长,但照常蹬三轮车,而且加大了对自己的压力。他为自己规定了每月收入 1000 元的指标,每天要挣 30 到 40 元。"我还是像以前一样天天出车,一天总还能挣回个二三十块。别小看这二三十块钱,可以供十来个苦孩子一天的饭钱呢!"

老人从小就没有读书,他把旧社会对自己的亏欠转化成巨大的精神动力,努力使这个社会不再亏欠那些应该读书的孩子。

白方礼老人每月把自己省下来的钱捐给困难的学生当生活费,自己却过着极为俭朴的生活,老人蹬三轮车的时候,从头到脚穿的是不配套的衣衫鞋帽,看起来像个乞丐。

他自己解释说:"我从来没买过衣服,你看,我身上这些衬衣、外裤,都是平时捡的。还有鞋,两只不一样的呀,瞧,里面的里子不一样吧!还有袜子,都是捡的。今儿捡一只,明儿再捡一只,多了就可以配套。我从头到脚、从里到外穿着的东西没有一件是花钱买的。"

这样一位风烛残年的老人的话，听了让人心酸。他不买衣帽鞋袜，吃的东西他都尽可能地节省。他的饮食经常是两个冷馒头加一瓶凉水，就一点点咸菜。很多时候由于拉活需要，白方礼老人走到哪就睡在哪，一张报纸往地上一铺，一块方砖往后脑一放，一只帽子往脸上一掩，就酣然入睡。为了能多挣一点钱，老伴去世后他就以车站边的售货亭为家，冬天，寒风怒吼，夏天，炎炎烈日，在薄薄铁皮制成的售货亭里，老人度过了一个又一个酷暑严冬。

白方礼老人节衣缩食，把自己蹬三轮车的所得全部捐给了教育事业。曾经有人计算过，这些年来，白方礼捐款金额高达三十五万元。如果按每蹬一公里三轮车收五角钱计算，老人奉献的是相当于绕地球赤道一下一下地蹬了十八周。白方礼捐款从没想过要得到回报，哪怕是一声"谢谢"。捐助的款项，通过学校和单位送到受助学生手里的，老人从没有打听过学生的姓名。甚至很多学生也不知道白方礼这个名字。只有一张他与几个孩子的合影——这是唯一的一张照片。当问老人对受他资助的孩子有什么要求时，老人的回答很朴实："我要求他们好好学习，好好工作，好好做人，多为国家作贡献。"

2001 年，白方礼捐出了最后一笔钱。年近 90 岁的他已无力再蹬三轮车，也无力再经营他的支教公司，就在车站给人看车，还把一角两角的零钱装在一个饭盒里，存够五百元后又捐了出去。捐出这笔钱以后，老人伤感地说："我干不动了，以后可能不能再捐了！"这或许是老人第一次说的打退堂鼓的话。老人于 2005 年去世，临终仍然在惦记着支教的事。

旧房子里的开国大将

黄克诚为中国人民的解放事业建立了不朽的功勋,在 1955 年被授予大将军衔。他虽然功勋卓著、身居高位,却始终保持着公仆的本色,艰苦朴素、勤俭节约。

经过浴血奋战,新中国成立了,但是建设一个新中国面临着更大的困难。

新中国成立后,黄克诚担任中共天津市委书记。一进天津,黄克诚就当众宣布:"我黄克诚进天津时穿着这身衣服,有一日出天津还是穿着这身衣服,保证原封不动。"他说到也做到了,他的那件旧衣服成为了新中国干部的一面精神旗帜,在这种精神的感召下,人民军队巩固了革命的胜利果实。黄克诚不仅在天津任职时穿着俭朴,到了北京任职后,也照样衣着朴素,他的衣服总是穿到实在不能再穿了,才舍得换掉。

后来,黄克诚担任了中央军委秘书长,在全军大力提倡勤俭办事,勤俭建军,严格掌握行政和军费开支,不该花的钱,他一分都不许花。在新中国成立初期,国家拨给军队的费用有限。即使是这点儿有限的钱,他仍舍不得花,总要求节余出一些费用来支援国家经济建设。他看不惯那些大手大脚花国家钱的做法,斥之为败家子作风,说这是共产党人坚决不能做的。

无论干什么事情,只有从自身做起,才能够体现出其价值。

黄克诚将军坚持节俭的品质表现在生活的点点滴滴中,成了日常习惯，在外人看来不可思议的事情，对他来说却是很平常的。

他的俭朴没有因权力和职位的显要而动摇，他在北京住的房子非常破旧，夏天漏雨，冬天透风，上级部门动员他搬迁或翻修，但是都被他拒绝了。他说："我们国家还很穷，群众住房更困难，许多家庭是几代同堂住一间房子。我现在住的房子比起他们来，不知要好上多少倍。因此，没有必要搬迁，也没有必要翻修，不翻修也照样能住，还是节省点钱用在当用之处吧！"由于他所住的房子实在是太破旧了，房子的顶板都腐烂了。有一次夜里下雨的时候，突然"嘭"的一声，把他惊醒了。起来一看，竟然是屋顶掉下来一块，不过幸运的是这块顶板正好落在他的床边，并没有伤着他。在这种情况下，他不得不同意将房子的屋顶翻修一下。

当看到翻修屋顶需要花费上万元时，他又心疼了，便改变了主意，坚决不同意翻修："哪里坏了就修哪里，不要全部翻修，能节省一点是一点。"最终在他的坚持下，只是修补了一下屋顶。

他的家里没有热力管道，洗澡很不方便，有关部门决定给他家接通。他们办好了预算拨款手续，画好了线路图，准备开始施工，但黄克诚听说后却坚决不让施工，因为他知道了接热力管道需要花费3万元。他说："不接这个热力管道我照样可以洗热水澡，为什么要花这么多钱呢？"结果，直到他逝世，一直就住在那所旧房子里，热力管道也没有接通。

黄克诚早年患有支气管炎，晚年病情愈发严重。尤其是冬季的时候，发作起来，咳嗽不断，有时要咳上几十分钟。看到他这样，家人和他身边的工作人员都很心疼，想找个办法减轻他的病情。了解

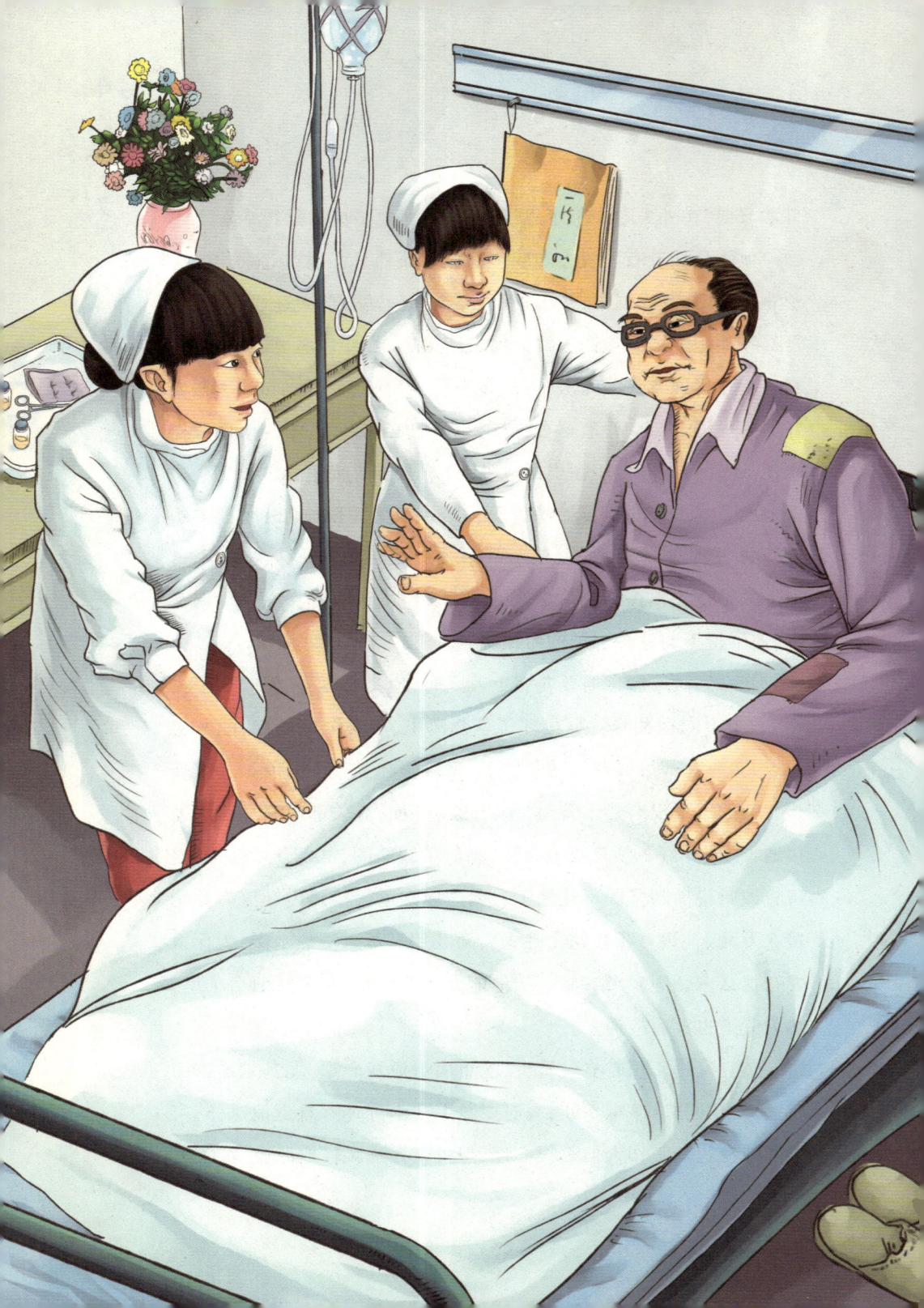

他病情的同志劝他到南方去过冬，那样就可以避免支气管炎发作，减少痛苦。当一些在南方工作的领导同志来探望他时，也邀请他去南方疗养休息，但每次都被他谢绝了。他说："我已经是 80 岁的人了，眼睛又不好，出去就得带工作人员，需要花很多钱。而且我出去又干不了什么工作，只能给国家浪费钱财，给地方增加不必要的负担。所以，还是不去为好。"

黄克诚因病住院时，医护人员见他穿的衣服上竟然有补丁，非常奇怪，便悄悄地问他身边的工作人员："黄老怎么穿这样的衣服啊？"工作人员回答："黄老一贯如此。"他曾对医护人员说："等将来有一天，我的病重了，你们不要抢救，打一针让我过去就行了。因为抢救过来也是个废人，干不了什么工作，还不如把国家的钱省下来，抢救那些需要抢救的人。"

黄克诚的一生俭朴。他自己花钱精打细算，但在帮助他人解决生活困难时，却非常慷慨。自从实行薪金制起，他就每月从自己的工资里拿出一百元，帮助在革命战争中牺牲了的烈士的家属。

黄克诚将军生活简朴，给后人留下了丰富的精神财富。

"会计之父"的补丁衬衫

潘序伦是国内外颇负盛名的会计学家和教育家，被国外会计界誉为中国的"会计之父"。

这个会计学家与钱打了一辈子交道，但自己的生活极其简朴，斗室中一床一几一柜一桌四椅，除此之外别无他物，唯书成堆。

一年冬天，潘序伦到一家高级饭店会见外宾。

北京的冬天，寒风刺骨，为了抵御严寒，他去饭店的时候穿着厚厚的棉袄。到了饭店后，他发现饭店里开有暖气，室内温暖如春，很多人都只穿衬衫。见到客人，互相寒暄后，服务人员过来，请他脱下棉袄。但是潘序伦里面穿的就是平常的衬衫，补丁加补丁。面对外宾，他怕脱了棉袄，让人看见那样的衬衫，实在是有失脸面，就只好硬着头皮说他不热。他在会见外宾期间一直穿着棉袄，不一会儿就汗流浃背，样子非常狼狈。

他穿补丁衬衫，不是因为没有钱，潘序伦节俭的习惯是在生活中逐渐养成的，从年轻时，他立志求学，就把一切精力都用于事业的拼搏中。他曾经引用一句古语说："贤而多财，则损其志。愚而多财，则益其过。"

这是《汉书·疏广传》中的一句话，就是说：品行端正的人，如果有过多的财富，他就会想到一生衣食无忧，因之可能耽于逸乐，不思进取。至于品行不端之人，有了过多的财富，就很容易在衣食住行方面浪费，甚至触犯法律。他认为，有很多财富虽然是一件好事，但一个人拥有了财富，首先应当考虑用财之道，应当把多余之财，用于有益于人民大众的事业上。潘序伦一生聚财、用财之道，就是遵循这句古话的。

在哈佛大学读书的时候，潘序伦夜以继日地勤学苦读，星期日和假期也不休息，他放弃了一切游览娱乐活动。两年期间，他从未看过一场电影，也没有去餐馆吃过一顿饭，从清晨到深夜，都是在自己租赁的宿舍内或学校图书馆里度过。有时连饭也没有时间做，只好买个面包，就着一杯温水充饥。随后他又到哥伦比亚大学攻读博士课程，在那里，他干脆把学校的图书馆作为自己的自习室，每天从早晨开馆起，直到晚上闭馆止，一整天都在图书馆学习。饿了，他就带上几块硬面包充饥，就是在这期间养成了他一生勤俭的习惯。

后来看到中国的会计职业非常落后，潘序伦就决心通过教育来提高这一职业水平，他开始自己创办学校。办学期间，他提倡节约，讲究精打细算、勤俭办校。他在很多地方都曾经开设过分校。开始的时候，他都是先租用中小学夜间的空闲教室上课；或利用机关、团体、企业的房屋，和他们协作办校。每所学校除有两三位管教务工作的专职人员外，每班 50 名学生左右，只有一名教师和一名助教，负责教学和管理。一些勤杂工作，大都是请协作单位的职工兼任。那时，夜校教职员工和学生人数的比例，大体是 1:20，也就是说平均 20 个学生有 1 个教职工。房租、水电和办公用品都是处处节约，精打细算，因而学校经费每学期都有节余。

节俭不仅是人的美德，也是获得成功的重要方式，潘序伦的办学获得成功,和他的节俭是分不开的。节俭可以使一个组织健康发展,如果只为钱而节俭,就有可能变成吝啬。潘序伦将节省的钱用在最该用的地方,体现了节俭的真正精神,将钱用在最有意义的地方,发挥最大的社会价值。

通过办学校、出版书籍,他的收入是很丰厚的,但是他在生活中保持俭朴本色,把收入大多捐给学校修建馆舍以及用作奖学金。他把所获得的版税,还有历年收入所积累的财产约十万银圆捐给他所创办的学校作为建校基金。新中国成立后,他仍然热心国家的会计事业发展,捐款建立会计学校的体育馆、图书馆等。

省吃俭用为单位买器材

蒋筑英是我国著名的光学专家,全国劳动模范,被誉为"科学界的雷锋"。

他心系国家,节省开支,表现出了知识分子为集体节俭的美德。他经常说:国家利益比个人利益重要,每个人都有为国家节俭的责任。

蒋筑英在光学研究所工作,吉林省某部门从国外引进了一批光学器材,商检部门自己也不了解这批器材是否合格,他们就找到了这方面的专家蒋筑英:"请您帮忙检查一下产品质量吧!"当时,蒋筑英自己的研究工作很忙,但是事关国家利益,他还是满口答应了。

他和同事们自己设计、制造了测量装置,对进口器材仔细地进行检查。最后他们发现这批器材虽然表面很好,但是质量上存在严重问题。蒋筑英就带领着他的同事,细心地把所有的证据都整理好,然后进行了严密的理论论证,并为一些器材拍摄了照片。他们将这些整理得非常完整的材料交给有关部门,主张向外商索赔。当外商看了检验报告后,哑口无言。然后,他们衷心地佩服说:"中国有内行!"很快就答应进行赔偿。国家因此免遭十几万元的经济损失,也维护了祖国的尊严和荣誉。

不但如此,蒋筑英通过对那些机器的检验,考察了国内的生产技术,提出只进口几部主要的仪器设备,其余的器材自己就有能力

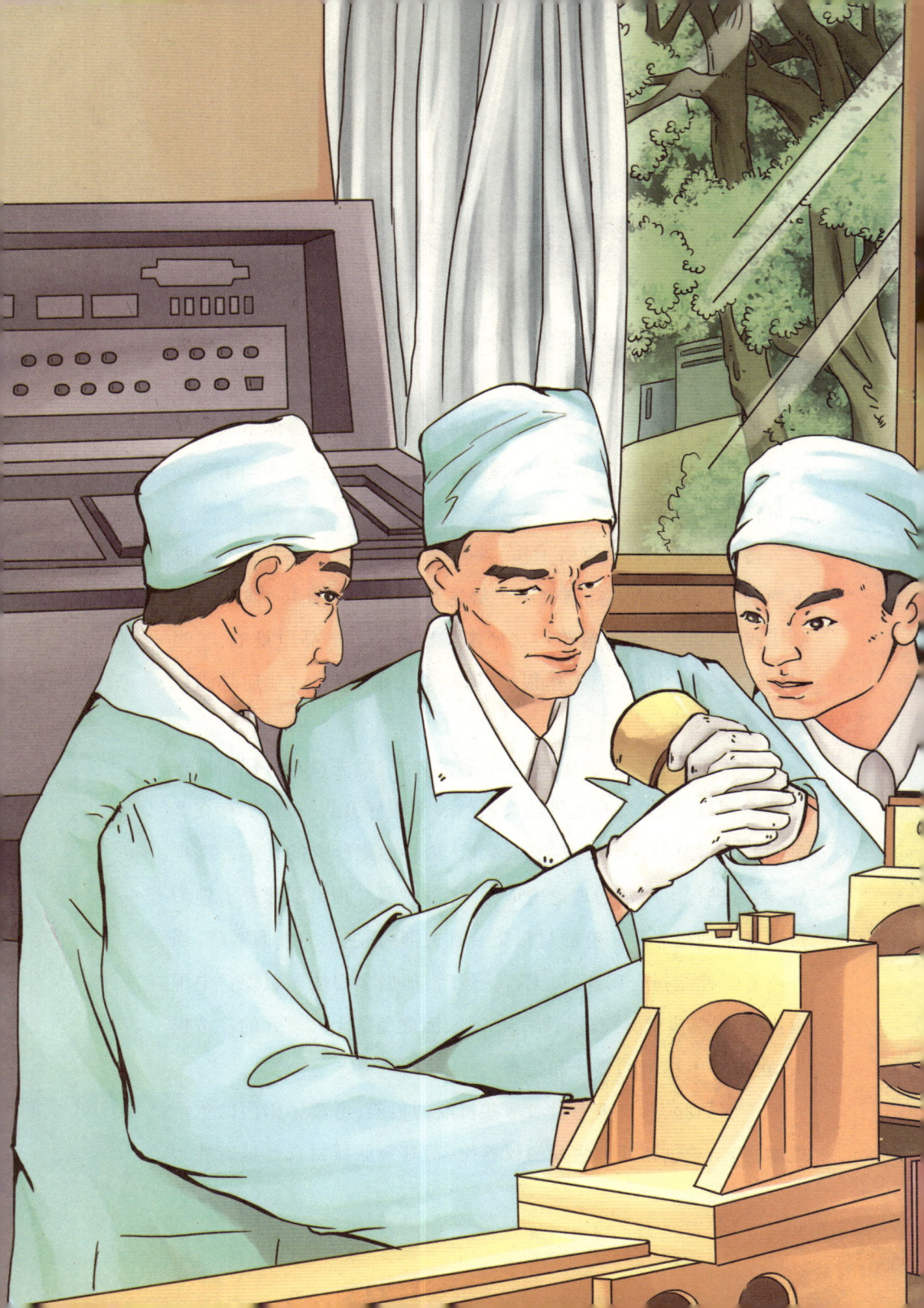

制造，并且能够达到要求的标准。上级部门经过研究，同意了他们的建议。蒋筑英和同事们经过认真的实验，最后高质量地完成了制作任务，这一项又为国家节省外汇资金十多万元。

蒋筑英屡屡为国家作出巨大贡献，但是他的工资并不高，家庭经济负担比较重。他丝毫没有怨言，工作热情不减。他说：生活节俭一点，困难就会过去的。他舍不得买高级耐用消费品，舍不得买漂亮的家具，一家人过着清苦但是很满足的日子。

1979 年，所里派他去西德进修，在当时，中国刚刚开放，出国的机会非常少。在国外学习期间可以购买到国内没有的生活用品。由于经济差距，在国外也可以为自己的家庭节省下一笔数目不小的钱。蒋筑英在国外学习期间，更加省吃俭用，尽可能地节约用钱。但是，他在那里学习工作，总是还要和外国朋友进行交往，和他一起工作的外国朋友请他吃饭，为了工作需要，他不能不去。为了礼貌，他还要回请人家，但是他又怕花钱，于是，他就先去了一家饭店，打听了一下价格。回来经过计算，他觉得实在是太贵了，从心里舍不得花那么多钱。怎么办呢？回到住处，他一直思考怎么才能省点钱而又合乎礼节。

到了吃饭的时候，他脑子里一直盘旋着这个问题，平常他为了省钱、省时间，经常买个面包草草充饥。吃着面包，他想起了家中的饭菜。突然，这给了他启发，他想出了一个办法。他自己去买了菜，准备了炊具，然后亲自做饭请客。他精心准备的中国菜，外国朋友吃了连连称赞，说他做的中国菜非常地道。他觉得自己找到了一条"节财"之道，可以节省很多钱，也可以吃到自己的家乡菜。以后，一有什么应酬,他就借口请人家吃中国菜,在自己住的地方请客。在国外半年的时间里,蒋筑英的确省下了不少钱。按说,他这样是发了点儿"洋财"了。

在回国前夕,蒋筑英做的第一件事是先给单位领导写了一封信,在信里说,他手里还剩下一些钱,所里是否需要买什么器材,他可以买一些带回去。

所里的领导很了解他的脾气性格,知道他在国外生活很艰苦,就回信说:"你在国外很辛苦,需要加强营养,不要给所里买什么东西了,别太苦着自己。"

他的一位朋友听说了,也给他写信劝他:"你借此机会,应该给家里买点东西啊!你看,你的家人跟你受了多少苦啊!这又不违反政策,这是你应该得到的。"蒋筑英回答:"我还是节省点吧,把钱花在最需要的地方。"

出国回来的人都大包小包地带了很多东西,都是些在国内根本买不到的商品。到他回国的那一天,朋友和家人去接他,人们看到蒋筑英也带了不少的东西,他的朋友心里想,这次蒋筑英终于有点儿开窍了。但是,拿到手里一看,他用辛辛苦苦节省下来的钱,全是给研究所里买的各种器材:一台英文打字机、一部录音机、十九台电子计算器和一些光学器材部件。他没有给自己和家里人买任何东西,并且将剩下的钱全部交给了单位。

中国新一代知识分子的楷模：罗健夫

罗健夫被誉为"中国式的保尔"。他在工作、生活中的艰苦朴素精神感动了国人，在 2009 年被评为"100 位新中国成立以来感动中国人物"之一。

节俭，一般是指节省财物，但是，在罗健夫看来，在工作时间上仍然需要"俭"，一点儿时间也不能浪费。他为国家创造了大量的知识财富，这远远比财物的节俭更为重要。

这一年，罗健夫接受了一项国家重要的科研课题，他担任这一课题组的组长。科研任务非常紧迫，他便把一切时间都用于科研之中。他的工作室里的灯光总是最后一个熄灭，而又最先一个亮起。自从接受任务以来，他每天只能有四五个小时的睡眠时间。他将全部业余时间都用来刻苦读书、翻阅资料、思考设计，还要向一位其他单位的工程师请教计算机原理和应用技术。

这样紧张的工作，罗健夫并不觉得苦。让他感觉最苦恼的是经常受到外界的干扰，有时候随便调他去做一些不相干的工作。有一次，他实在是急了，就去找领导申辩，然而却招来了对他的大批判，导致他根本就无法工作。为了科研任务，他只好想出了一个妥协的办法，在大会上真诚地"检讨"，来获得重新进行科研的时间。

经过了这样一连串的事件，罗健夫的时间更紧迫了。有时候，他在工作室里一待就是三五天，工作室里不能做饭，他就自己从家里带来一大袋子馒头，打点热水，饿了就啃块馒头，渴了就喝口水。

经常看到他和同事们一手拿着馒头一手计算各种数据，有时候就借着吃东西的时候一起讨论问题。屋里没有床，他就弄来几条毯子，困了在地板上躺一会儿。夜以继日，埋头不息。实际上，他的生活在平常也很简单，跟他在工作室差不多，经常是两个馒头夹一块臭豆腐、一碗面条拌一点儿酱油就算一餐。

罗健夫身上穿戴的仍是当年部队发的军衣军帽，一家人准备添置衣物的钱，常常被他用来买了研制图形发生器需要的书籍。在他的努力下，1972年、1975年先后研制出我国第一台"图形发生器""Ⅱ型图形发生器"，为我国航天工业作出重大贡献。他在1978年获全国科学大会奖，在1981年10月独立完成全部电控设计。

有一次，罗健夫因公出差到一个风景名胜地，人们来这里出差，总会借机去游山玩水。当地接待的人也安排好了旅游的时间和地点。当接待处的人跟罗健夫商量的时候，他却认为这是不符合规定的，他问道："游玩需要花费金钱，这一部分费用由谁来出呢？"接待人员说："我们这里都是安排好的，不用你们出钱。"但是罗健夫认为这会耽误很多时间，硬是拒绝了人家的安排。和他随行的人很不高兴，说："好不容易来一次，在工作之余去看看风景有什么不对的啊，况且是人家花钱，又不让我们出钱。"罗健夫说："我们出差是为了工作，不是为了玩乐。玩乐浪费的都是国家的钱。"在出差的日子里，他从来也没有停止工作、学习。

1978年，单位派他去日本学习。出国考察是难得的机会，在有些人的眼中，可以出去捞点儿"外快"。然而，在罗健夫眼里，出国仍是工作而已。在国外期间，他是学习小组组长，出国的费用都由他来掌管，他一分一分地抠着开销，从来不将钱用于和工作无关的事情上。他不请客，也不外出游玩，把所有的时间和精力都用在学习交流中。回国以后，人们问起他们在国外的见闻，除了学术交流，他们对国外的环境几乎一无所知，他的同事说，我们和在国内工作完全一样，根本就没有时间出去逛。

最后，他将节约下来的费用全部上缴国家。用他的话来说，国家还不富裕，我们节省一点，就会有更多的同志有机会出来学习。

罗健夫十多年以来一直艰苦工作，经常加班加点。但是，他从来也不领什么加班费、夜餐费等各种各样的补贴。他廉洁奉公，从不侵占国家和群众的利益，对待国家财产，比自己的东西还节俭。正是有这样的知识分子，中国的科学技术才得以突飞猛进，不断地缩小与先进国家的差距。

俭朴铸就辉煌

华西村是中国的首富村。村里一排排宽敞明亮的中式别墅、欧式别墅，鳞次栉比。进入 21 世纪后，华西村家家都住上了别墅，有了自己的轿车，走进华西村，便真正见识了中国农村的小康生活。

但是在这些漂亮的建筑群中间，也有几栋老房子，它们在华丽的别墅群中，仿佛是悠远的回忆，静静地立在那里；又像是饱经沧桑的老人，注视着健壮的子孙在成长。然而，这房子是不简单的，里面住的是华西村当家人，党委书记吴仁宝，他仍然保持着自己的俭朴本色。

走进他的房间，会看到里面的装饰非常简单。当时修建的屋子都很狭窄，在房子的里间，摆放着一张老式的大木床，没有什么装饰，上面的被褥都已陈旧，还有一张桌子，两把椅子，非常简单。外间摆着两个单人沙发，看起来像是 20 世纪 80 年代的样式，扶手上的皮革已经被磨破。茶几上摆放着一部旧的电话机，倒是和这里的家具都很相配。屋子里有些露在外面的墙皮似乎要脱落了，显露出斑驳的颜色。

几乎所有来这里采访的记者和参观的人都会问："为什么不住好一点儿的房子？你怎么住在这么简陋的房子里啊？"人们很难想象华西村神话的创造者，住在这么破旧的房子里。他总是很幽默地说，这所房子是最显赫的建筑，你看墙上这几百张照片就是最好的装饰。从 20 世纪 60 年代开始，吴仁宝几乎与每个时期的国家领导

人都有过合影,都挂在他的屋子里。而他也在这座房子里决定了不知多少大事!

华西村人是从踏踏实实的实干起家,人们回忆说,那时凌晨两点钟开始干活,从鸡叫干到狗叫,最苦最累的活都是老书记带头。吴仁宝是农民出身,一直保持着农民朴素勤俭的习惯,在创业的过程中,他的节俭意识贯穿于华西村的建设中。以冶金为例,华西钢铁厂炼钢产生的水渣供应华西水泥厂,因为炼钢粉尘被水一冲便成污泥,为此专门建了污泥球团厂,而球团与矿粉加在一起,又成为炼钢的原料。他们尽力节约利用每一种资源,即便是挖湖也不例外,挖出来的好土烧砖,坏土筑路,湖可用来为工业生产蓄水,又是旅游上的新亮点,一举四得。如此一来,靠着逐年的积累,华西的企业规模迅速增长。

在创业的那段时间中,吴仁宝白天在外面到处联系业务,夜里只睡几个小时,凌晨两点就起床,开始去各个工厂巡视。他连吃饭的时间都舍不得浪费,因此养成了吃饭快的习惯。并且吴仁宝吃饭也不讲究,到外地出差,他最喜欢吃的食物是方便面和茶叶蛋。并不是这两样食物特别对他的口味,而是对他来说,这样的饭简单、不耽误时间,很符合他的习惯。他周围的人说,在外边跑项目时候,他曾经一天只吃八个鸡蛋,而把所有的时间都用在办事上。吴仁宝倡导节俭,身体力行。村子富了以后,他不是开始享受生活,而是继续保持勤俭,提醒自己还需要不断前进,节俭的精神不能丢,才能让村子中的生活更好,也能够更健康地发展。华西村已经名扬天下的时候,他仍然保持着自己简单的生活习惯,在家里,一碗清汤面、一盘小青菜是他的一日三餐标准，他经常吃得津津有味。有很多官员，没有干工作，先要修建豪华的办公室。而在华西村，四十多年来，吴仁宝甚至始终没有自己的办公室，需要办的那么多事情，都是在现场就决定了，在他看来，没有必要去办公室走过场，人们都领略过他雷厉风行的做事方式。

在华西村，人们都知道老书记有着铁定的规律：不陪客人吃饭，从不在村民家吃饭。即便来再大的领导，吴仁宝也只是到饭桌前礼貌地客气一番就走。这倒不是因为吴仁宝不把领导看在眼里，而是因为他吃饭太快，这样就很容易使客人难堪，他已经形成了这样的习惯，坐在桌前慢慢地吃饭对他来说无异于受刑。后来，吴仁宝退休了，他坦言自己最大的变化是："可以到饭馆吃点自己想吃的菜了。"实际上他也喜欢慢慢品尝佳肴的味道。

吴仁宝在中国创造了自己的奇迹，并且使奇迹在不断延续。他不但创造了物质财富，更重要的是他的思想为后人积累了大量的精神财富，这一精神能够推动华西村不断地走下去。创业需要勤俭，成功后更需要节俭精神，这样才能保持清醒的认识，能够坚守住成功。

亿万"富翁"的朴素生活

吉利集团在北京的一个下属企业位于北京繁华的商业地段。在宏伟的商业楼入口处，保安拦住了一名正想进入公司的中年人。那人惊讶地问，为什么不让进？保安说："对不起，我们这座大厦谢绝农民工进入。"那个人笑了，说："你们为什么就认为我是农民工呢？"保安上上下下看了看他，意思是说，看你的穿戴和样子，根本就是农民工！也确实，保安看到的不错，这个人穿戴真的像个农民工，与这座大厦形成了很大反差。最后这个人只好拿出了自己的证件，保安看了才大吃一惊，连连道歉让他进去。原来，这位穿戴平凡的人就是吉利集团的董事长——李书福。

跻身于亿万富翁之列的李书福，平常穿戴极为普通，俭朴生活是出名的。

在一次接受中央电视台的采访时，主持人就和李书福谈到了他的衣着。主持人对他说："李先生，您的皮鞋已经穿了很长时间了吧？"

李书福承认："是的，已经穿了两年多了，不过，这鞋的质量还是很好的。"

他当场把鞋脱下，把自己的鞋子在记者面前展示着，认真地说："今天太忙，没有擦亮，如果擦亮了，看起来还是非常漂亮的。"他还解释说，这双鞋子是浙江一家企业生产的，物美价廉，结实耐用，价格只有80元。他穿着它参加各种活动，甚至是出国，只要穿着很舒服，又没有破，很好。

接着，主持人又谈到了他的衣服，数来数去，李书福似乎只有一套稍好点儿的西服，穿着满世界跑。至于他当时穿的衬衫价格，他表示忘记了，于是，就问坐在旁边的助理："咱们的衬衫多少钱？"

"30元。"助理回答。

"这也是纯棉的，质量很不错。"李书福说着，便拉着自己的衬衣让记者看。他认真而憨厚的样子引起了现场观众的一阵阵笑声和掌声。

李书福的吉利集团是中国汽车业的佼佼者。他出身贫寒，白手起家，靠着自己执着的精神和创业胆略，创立了吉利集团。当然这也离不开节俭精神，为他蒸蒸日上的事业奠定了基础。

李书福的节俭作风不是作秀，一方面源自他自小养成的习惯，另一方面，坚持节俭是他的创业信念。吉利公司内部的很多人都知道，李书福几乎从来不买500元以上的衣服。在平时，李书福总喜欢穿一件黄色的夹克；在厂区干脆就穿工作服。他和普通工人看不出两样，难怪

保安把他看成是农民工。他的这种习惯拉近了自己和员工间的距离，形成了踏实实干的风气。他也总是说，这样能使自己时刻记着要俯下身子，创一番事业。

一次，他要去出席一个重要活动，其中有外宾参加，他的助理就跟他商量说，这次出席的仪式关系到公司的形象，就换件新的西服吧，这对我们将来的生意合作有利。李书福却认为，公司形象靠的是真正的实力，跟服装没有什么关系。

但是，为了表示重视，他也只好同意去买件新的西服。于是，秘书赶紧去给他买衣服，刚走出办公室，他在后面又把她叫了回来。原来，他是特别要强调一下，衣服不能超过300元一套，叮嘱完了才让秘书去买。

李书福穿着朴素，出行也很简约，一般都是乘坐自己公司生产的比较低端的汽车，从来也不摆排场。李书福在生活中的节俭影响到了吉利的内部管理，他的一言一行都对公司的风气有重要的影响，公司对员工有严格要求，每一个细节都能体现出节约精神。

吉利集团的办公室中，每一张纸打印完正面，还要留着使用反面，如果谁浪费纸张就会受到批评，甚至罚款。员工出差时，不管是管理人员，还是普通职工，都要尽量住便宜的宾馆，李书福自己则以身作则。李书福要求吉利员工出差订机票时，如果同一时段有打折的机票，坚决不允许订全价票。正是从这样一点一滴的节俭中，他的公司逐渐发展成为汽车行业的大集团。

"邯钢"集团的节约精神

在邯郸钢铁集团第三轧钢厂,工人们正在热火朝天地工作。这里机器轰鸣,坚硬的钢铁在这些机器中如面团一样被轧制成不同的形状,各种型号的钢材从生产线上"涌流"下来,然后经过包装,进入市场。

轧钢厂有一个车间专门负责对产品进行包装。但是在工作中,职工们发现了一个问题:为了使产品的包装质量符合公司要求,有一道工序非常浪费包装材料。工人们自觉地进行了对比计算,他们发现:以这种方式包装,一个月材料浪费就达上百吨,由此造成的损失超过了6万元。经过对这一问题认真研究,大家认为问题可以解决。于是,他们自发地对这道工序进行了技术改造,在充分保证包装质量的前提下,使材料用量降低了很多。改造成功后,他们上报给总厂,要求改变包装设计。像这样的例子,在邯钢数不胜数,人人都自觉节约。正是从这些小处着手,邯钢"节约"下来一笔笔巨款,凭着这种精神,邯钢炼钢一年就降低生产成本两千万元。

整个集团的节约精神和邯钢公司前董事长刘汉章分不开,他曾获全国"五一"劳动奖章,并先后荣获全国劳动模范、全国优秀企业家等称号。在他的带领下,创造了"邯钢经验",就是实行"模拟市场核算、实行成本否决"的管理模式,使濒临倒闭的邯钢崛起,成为中国钢铁企业的领头羊。他的管理模式建立在"节俭"成本的基础

之上。在他的带动下,"节俭"理念深入邯钢员工的内心,他们把节约成本看成是每个人自己的事情,主动节约。

刘汉章为了节约成本,处处提倡节俭,首先树立节俭精神。

刘汉章带头在非常简陋的办公室内办公,他的办公室是一间土黄色的平房,看上去就像一座县城里的招待所,十几平方米的办公室里摆着一对简易沙发,已经很旧了,所用的是一张普通的办公桌。他一直坚持在这样的办公室内办公、接待客人。有人对此不理解,认为这么大的一个钢铁集团,用这样的办公室太寒酸了,有损公司的形象。但是他毫不在意,说:"再好的办公室也不出钢。"刘汉章把成本节俭理念贯彻到邯钢的一切日常工作当中,以至于他的朋友跟他说:"你都成了一毛不拔的地主老财了。"确实是这样的,公司经常要接待上级领导来厂视察工作,还有生意上的客人。刘汉章专门指示,不管是谁,住宿和饭菜标准都不能定得太高。他自己陪客人吃饭,也总是先说,不要弄太多的菜,够吃就行,这似乎成了他吃饭前的常用语了!

邯钢从上到下建立起来的"节俭"意识,一是靠职工的自觉性,让职工成为主人,主动节俭;另外还有严格的制度机制和优秀的企业管理理念。因为"节俭"二字,说时容易做时难。这些制度和管理理念必须贯彻到员工身上才能起到决定性的作用。邯钢管理层制定了严格的节约制度,然后通过宣传、培训等方式,将节俭落实到生产过程的每个环节中,每一道工序都有明确的要求。对于违反制度者,则用不同方式进行教育、处罚。而对于主动节俭的职工则进行表扬、奖励。而在其他企业里,员工将降低成本看成是企业的事情,和自己无关。显然,这种想法是错误的,俗语说得好,"涓涓细流,汇成海洋"。的确,企业是大海,但大海也是由一点一滴的水形成的。同样的道理,员工们这里节省一点,那里节省一点,加起来就会成为惊人的数字。只有每一名员工都自觉地进行节约,企业才能最大限度地节约成本,才能获得更多的利润。

在任何一个企业,能不能节约成本,能够将成本节约到什么程度,员工有着很大的决定权。员工在工作时,无论是开动一台机器,还是进行一次服务,都对降低成本起到关键性的作用。如果每一名员工都发自内心地爱护、使用设备,节约办公用品,高效率地利用时间,这对降低成本将起到巨大作用,这样的企业才会是成功的企业。刘汉章正是认识到了这一点,通过精神培养和制度管理,形成了饮誉业界的"邯钢经验"。

变废为宝的"拆解大王"

丁国培被称为"拆解大王",并不是他善于"破坏",而是从废品中拆解出大量有用的"宝贝"!

他的拆解术越来越科学,也越来越对环境保护作出了巨大贡献。这种改变观念、变废为宝、勇于开拓的精神,为节约资源走出了一条新路。

当代社会,大量的垃圾被人们丢弃,生产、生活垃圾堆积如山,严重污染了环境,给人们的生活带来了巨大威胁,影响人们的健康。同时,人类又面临着资源不足的危机,一些自然资源在人类无节制的开采下,面临着枯竭的危险。

这一现象引起了丁国培的思考,他敏锐地发现了其中潜在的商机。丁国培自己查资料、找专家汇集了这些材料,细细算了一笔账:提炼1吨铜需要150吨铜矿砂、600吨水,提炼过程中产生2.5吨二氧化硫;每炼1吨铝需要1.6万度电,产生淤泥9吨;炼1吨钢需要3.5吨煤。同时,开矿和冶炼过程中还要产生大量污染。而回收铜、铝和钢不仅可以节省矿产资源,更可以减少环境污染。这样一比较,废旧物品回收真是处处得利。于是,他便动了回收废旧物品的念头。

有了这个念头以后,说干就干,丁国培开始着手创建自己的"拆解公司",其目的就是通过将废品分解,回收有用资源。

经过一番努力,他们自己发明了用于拆解的机器,并且马上应用于工作中。在他的车间中,工人操作着自己公司研制的剥线机,将电线、电缆的塑料与铜芯分离,选出有用的金属。通过这些先进的机器设备,改变了过去通过焚烧处理垃圾的方式,不仅不会污染环境,而且还最大限度地实现了变废为宝。每天,一车车黑乎乎的废旧电机被拉到他的厂里,经过拆解、熔炼,神奇地变成了一车车亮灿灿的铝合金锭运出来。目前,他的公司已是台州最大的固体废品拆解企业。在 2006 年,公司拆解固体废品达到 25 万吨,生产铝合金锭 5 万吨。丁国培对废旧金属的利用率已经达到 98%,这比我国钢铁企业进口昂贵的铁矿石划算多了。

丁国培也因善于变废为宝而名扬天下,2005 年 12 月,他受到党和国家领导人的赞扬和鼓励。

丁国培的眼光是深远的,他并不满足于一时的成功,而是将目光投向了更远处。因为他看到,将来的世界,不仅要通过生产使世界变得更美好,而且还要通过净化废品使世界更干净。而这是人类所面临的巨大困难。因此,他不但将废品变成可用资源,还大量投入资金,研究环境保护技术,对于回收废品的新技术研制,他更是不惜重金,公司成立以来,前后投入 1.5 亿元,新建了 10 万平方米的标准厂房和 2 万平方米的规范化堆场,在厂区,废水、废气、废渣全部经过专业处理后达标排放。

他曾经花 100 多万元用于研发新一代的焚烧炉。将难以拆解的废料放进焚化炉进行两次焚烧,烟囱看不见烟。排放物中也没有金属、二氧化硫等超标污染物,完全符合排放标准。在提炼金属的时候尽量避免焚烧,进一步减少了二次污染。到现在,丁国培已经完全采用最新技术，彻底告别了焚化这个产生污染的环节，同时也节省了用作燃料的油或煤。这样一来，他的公司在环境保护方面走到了领先地位，发展前景也越来越光明，得到了社会的支持。公司因此被评为"浙江省绿色企业""浙江省工业循环经济试点单位"。这些先进的技术使拆解的效率和规模发生了彻底的变化，不仅控制了环境污染，而且回收利用了大量的资源，环境保护与经济发展形成一种良性循环。丁国培还不断开拓新的思路，不断扩大回收产品的品种，总是走在别人的前面。随着现代社会中，电子产品更新换代的加快，废旧的电视、电脑、手机等一系列的电子垃圾越来越多。勇于创新的丁国培已经开始投入了大量的资金进行对电子线路板回收利用的研究。

在现代社会中，对待"俭"也要突破传统观念，从更积极的方面去思考节俭，这样的节俭理念非常有效地促进了社会的发展，使人们在享受美好生活的同时，又节约了资源，保护了地球。

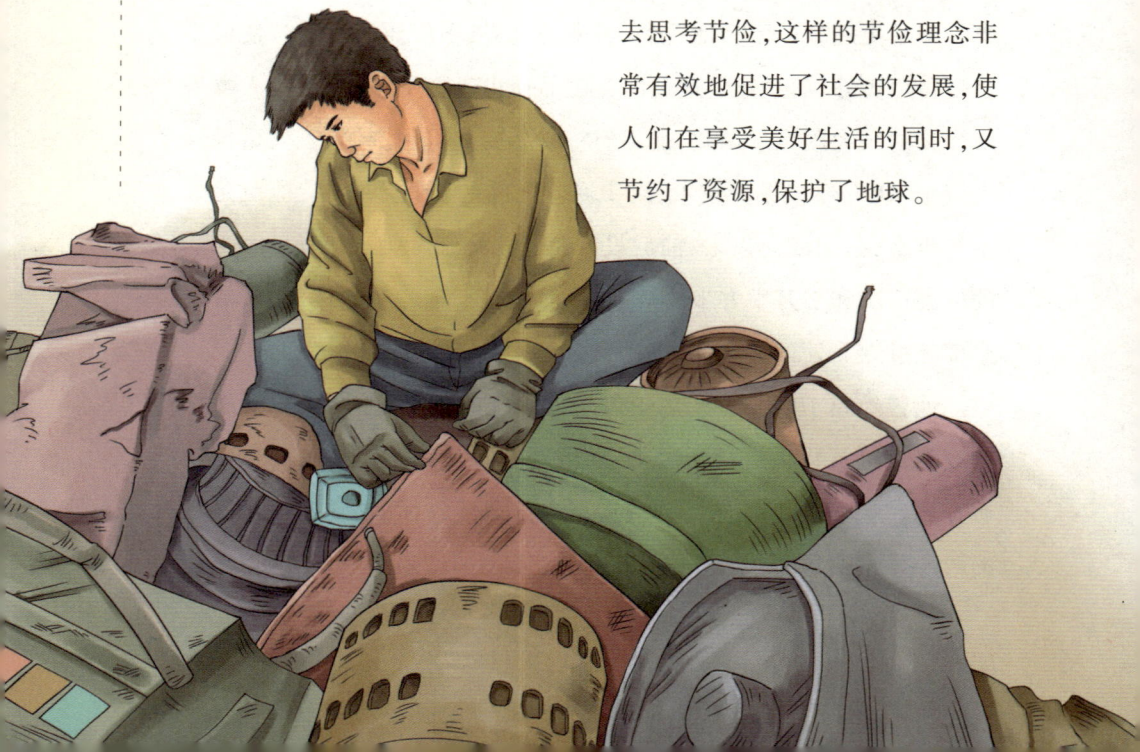

节水老人：郭树森

郭树森老人是山西人，已近耄耋（mào dié）之年，退休前他在地质研究所工作，他的工作让他深深体会到节水的重要性。退休后，他决心从事节水宣传活动，因此，被群众誉为"节水标兵"。

这一想法的起因是他看到人们随意地浪费水资源。退休后，他有了闲暇的时间，经常去街上散步。每天他都能看到有人在大街上用自来水冲洗汽车，水哗哗地流走；

有的人就是简单地洗个手，也是将水龙头开得很大；

有的人用一盆盆的水去冲洗青菜……

这些现象深深刺痛了郭树森老人的心，他决心用自己的行动来宣传节约用水！

首先，郭树森老人希望通过自己的言传身教影响家人和周围群众，达到节约用水的目的。对此，郭老很是费了一番心思，他精心设计，将家里的坐便器换成了节水型抽水马桶，在他的改装下，通过收集起洗漱用水和洗澡水来代替自来水冲洗厕所。把家里的洗菜、刷锅洗碗水分类，能够浇花的就留下来浇花。在他家里水都最大限度地得到了重复利用，用水量从原来的每月六吨，一下子减少到每月一吨。

这样过了两个月，结果他差一点被认为是"小偷"！因为用水量的巨大差异引起了自来水公司收水费人员的怀疑，他们一致认为是这家人在"偷水"！

于是,他们带了公司的技术员来郭老家里检查。这一下子引起人们的议论,大家纷纷说郭老一直是个很正派的人啊,不可能做这样的事。郭老却没有生气,反而将人们召集来,看他家水表的检查结果。这倒使自来水公司的检查人员很紧张,以为他会闹事。实际上,郭老是趁此机会向人们宣传自己的节水经验,让人们看到节水的巨大效果。人们感到很惊讶,原来在生活中的一些小事情上就可以节约这么多水啊,于是纷纷向他学习节水的方法。他

总是很耐心地给人解释，并且主动帮助人家改造节水型马桶。在郭树森老人看来，如果每家都这样节水，那么全市每年要节省多少水资源啊！

在老人的带动下，原本对节水毫不在意的老伴和女儿也自觉地加入到节水的队伍中。郭老的女儿家里也安装了节水型马桶，洗衣、洗菜、做饭的废水全都进行二次利用，大大节约了用水。在他们的影响下，邻居们也纷纷效仿，一时间，他所在的街区兴起了节水之风。

郭树森老人的一位邻居是外企老板，收入不菲。他经常在小区内用水管冲刷私车。郭老看到后，直接找到那位邻居，对他的行为进行了批评。

这位邻居不服气地说："我用水是花的自己的钱，想用多少水就用多少。这关别人什么事？"

郭老说："我不是针对你个人，而是浪费水的这种现象，这也不是钱的问题，水花不了多少钱，但这是全人类的资源。如果人人都像你这样，我们的子孙后代还有水用吗？"

在他的坚持下，那位邻居不再像以前那样公然浪费水了。

老人也知道他的这种义务宣传和干涉行为会引起有些人的反感，但是他不放弃，他认为，只要有人宣传、有人制止那些浪费行为，总是会有效果的。就像在生活中，哪怕是节约一滴水，也是有效果的。

为了积累节水知识，他搜集了一本厚厚的资料，这里面既有剪报，也有他二十年如一日节水的心得、体会，还有他节水的各种具体方法。有了这些节水的知识，他经常不厌其烦地自发到街上去宣传：中国北方地区普遍缺水，而深层水源难补充，一旦缺水，需要三五百年才能恢复。谁若浪费生命水，愧对子孙罪难饶！听着老人的慷慨演讲，人们能够体会到老人对国家和家乡缺水的焦急心情，对浪费水行为的强烈憎恶。

为了让下一代从小培养节水意识，老人多次给太原市政府、团市委写信，要求义务为中小学生举办节水宣传讲座。他的行为也感动了有关部门，这些部门很快就批准了他的请求。

于是，他更加认真地准备材料，去学校给学生讲课。他的课堂生动有趣，知识丰富，对学生产生了深刻的教育意义，有很多的学生回到家里，要求父母要做到节约用水。他们幼小的心灵中种下了节约用水的种子。

用歌声点亮希望

他是一名歌手,也是一名义工,还是 183 个孩子的"父亲"。他深受观众喜爱,他的演出所得足够让自己生活富足,但他却倾尽家财,资助贫困学生,前后为孩子们上学捐助了多达三百多万元。在他身患重病之时,想到的还是那些需要帮助的孩子,自己却舍不得花钱治病……

丛飞这个名字成为了高尚、纯洁、善良的代名词,飞进了亿万中国人的心中!他被评为"100 位新中国成立以来感动中国人物"之一。在颁奖晚会中,主持人动情地朗诵颁奖词:"他从看到失学儿童的第一眼到被死神眷顾之前,他把所有的时间都给了那些需要帮助的孩子,没有丝毫保留,甚至不惜向生命借贷,他曾经用舞台构筑课堂,用歌声点亮希望。"

一次偶然的机会,让他一生和捐资助学结缘。那是在 1994 年,他参加了一次重庆失学儿童重返校园的慈善义演。在演出中,观众席上是几百名因家贫辍学的孩子,他们渴望知识的眼睛深深地震撼了丛飞,也引起了他心中那段苦涩的回忆:

他曾经因为交不起学费,一个人躲在教室一角抹泪;

他因为家庭困难,不得不含着眼泪永远地告别了初中的校门;

他为了实现自己的歌手梦,独身一人徘徊在街头,睡桥洞、捡剩饭……

看着这些失学的孩子,他的心被刺痛了。主持人告诉丛飞:"两千四百元，就足以让二十多个孩子完成两年的学业。"他立刻掏出了身上所有的钱，凑足两千四百元钱，捐了出去，甚至没有留下回程的车费。

从 1994 年 8 月开始，丛飞开始了长达 11 年的捐资助学历程，一直到身患癌症去世！

丛飞不断地资助贫困山区的失学儿童，先后二十多次赴贵州、湖南、四川等贫困山区义演，收养孤儿，用优美的歌声帮助贫困地区儿童实现读书梦想。

他资助了 183 名贫困儿童，累计捐款捐物三百多万元。丛飞收养了这么多孩子，其实他的生活并不宽裕。丛飞在深圳没有工作单位，虽为深圳义工联艺术团团长，但从未领过一分钱工资，他的主要收入都来源于商业演出。为了确保孩子们能够按时交上学费，他就像一个上紧发条的时钟，时刻不能停下来，不能有所松懈。丛飞常常是收到一笔演出费后，就马上寄给贫困地区的孩子，自己根本存不下钱，他只能从生活中节省。

丛飞和妻子、女儿的住处很简陋，是一间不到六十平方米的房子，安装的是廉价的防盗门，门上的铁皮已经破出了半尺多长的大洞，门锁也完全坏掉了，每天只能虚掩着，根本就起不到防盗的作用。不过，他的家里即使开着门，也没有什么值钱的东西。厨房非常狭小，除了安装炉灶的地方，只能进去一个人。屋里的家具很简单，衣柜里的衣物都很便宜，唯一有些档次的就是那套白色的演出服，是他演出时经常穿的。丛飞家里倒是有一个保险柜，但是，里面不是现金或贵重物品，而是他资助的一百多个孩子写给他的信和孩子们的照片。家里唯一值钱的是一架旧钢琴,因为他要演出,这是无法缺少的。

丛飞的朋友说:"丛飞太认真,有时也絮叨。几个兄弟一起吃饭,他总是叨叨这顿饭能换多少贫困儿童的学费。"当人们为丛飞的事迹所感动的时候,他的妻子说出了丛飞的心声:"事实上,只要去贫困山区看过的人,都会被那里的贫困程度所震撼,我也是跟了他去一次后才理解他的所作所为的,每个人都会被那里的贫困震撼,都会伸出援手。丛飞没有什么特别的,所不同的是,他每年都会去那边,每年都会看到新的失学儿童,所以每年都会被新的资助对象所打动。"

后来,丛飞身患重病。然而,他却偷偷地将用于治病的 1.5 万元捐了出去。他说:"孩子就要开学了,我不想让那些等待的目光变成失望!"

2005 年 5 月,丛飞的

病情迅速加重，而他却从大家捐给他治病的钱中又拿出两万元捐到贫困山区。

丛飞的善良、爱心感动了社会，人们纷纷前来看望，给他送来真诚的祝福，希望他能好起来，为他捐资捐物，为了他的病，也为了他关爱的贫困山区的孩子！

然而大家的关爱没有留住丛飞的生命，他在2006年4月20日离开了这个他深爱的世界，年仅37岁。在生命的最后时刻，他仍然想着为这个社会作更多的贡献，在遗嘱中，他要把自己的眼角膜捐献出来！

受网络热捧的"不剩哥"

在网络中曾流传过这样一个帖子，是一个名为"柠檬绿茶Anna"的网友在网上发的："在海王星楼下（重庆）食堂吃饭时，我无意中看见对面的哥把盘子里的饭粒一颗一颗全吃完了，吃得非常干净，令人难以置信，当时觉得，这哥不是节俭就是饿坏了。过了两天，碰巧再跟他同桌，再次见证他把盘子里的饭一颗颗扫光。要知道用筷子把餐盘里的饭夹起来是很难的，而他一颗颗夹，很有耐心，真可谓是'不剩哥'，有良好的节约习惯。这让我感觉既崇拜又愧疚，以后向他学习，不再浪费。"

这个很普通的帖子发出后，一时间引起了人们热烈的讨论，人们纷纷跟帖评论。

"不剩哥"一时成为"网络名人"！这个帖子被热捧，背后是人们对节俭行为的赞扬，也是对社会上的浪费现象的不满。

更深一步的讨论，涉及了如何节约粮食，对社会负起自己的责任！一时间，网络中充满了各种观点，"不剩哥"也成为了一个"热词"！

这一事件在网络上引起了强烈反响，一些记者开始调查、报道这一新闻。首先，记者找到了最初的发帖者。发这个帖子的人是二十多岁的王女士，目前在重庆北部新区财富中心一房地产公司做行政工作。

记者对王女士进行了简短的采访，王女士说虽然自己与"不剩哥"素不相识，只是偶尔在食堂碰到过，但是对"不剩哥"的印象非常深刻。因为"不剩哥"吃饭节约的行为，使吃饭的很多人都留意过他。王女士还说如果再次见到"不剩哥"肯定会认出他来的。

在记者的要求下，王女士在吃午饭的时候，带记者来到了上次发现"不剩哥"的那个餐厅。幸运的是他们不虚此行，正好碰到网络上热传的 "不剩哥"——他还不知道自己已经在网络上成了 "名人"，仍然坐在他经常就餐的地方，是餐厅靠墙壁的一处桌子。"不剩哥"穿着一件黑色风衣，一个人坐在桌前用筷子吃"扬州炒饭"。将近吃完时，他用筷子把盘子上粘住的几颗米粒，一颗一颗地夹起来放进嘴里，直到吃光所有的饭粒，他的盘子里一点儿剩饭和剩菜都没有，然后将餐具摆放整齐，起身走出了餐厅。

在"不剩哥"夹米粒的时候，周围不少吃饭的人也注意到了这位年轻人，他们也好奇地望着他。记者当时并没有过去打扰"不剩哥"，只是远远地观察着。

"不剩哥"离开食堂后，记者观察了其他就餐者的餐具：在他们的餐盘中，有的近三分之一的饭菜没有吃完，其他人则或多或少地都有剩余。

记者和就餐的一位李女士聊了起来，她餐盘里还有一半的饭菜没吃完，对于自己剩下的这些饭菜，她也觉得扔了可惜。但是她说，我点的这份饭就是这么多，我实在吃不完，希望餐厅能够做些小一点儿的份餐。

"我也担心有好习惯的人会看不惯我这么浪费，我们都知道'不剩哥'很节俭，所以每次等他走了我再离开。"她确实觉得有点

儿难为情。

　　记者又去采访了食堂内的一位负责人，这位负责人说："餐厅每天因浪费倒掉的食物还可以够四十多人吃饱，我们希望人们按量点餐，不要白白浪费。同时，我们也在努力进行改革，让人们能够吃多少，取多少。"

　　当记者问及是否注意到那位特别节俭的顾客时，这位负责人表示也注意过，并且他的行为对人们起到了很好的榜样作用。

　　节俭就是由生活中的一件一件小事形成的。当我们节约了一粒米、一滴水的时候，世界上那些贫困地区的人，就可能会吃到一碗香喷喷的米饭，喝到一杯干净的水。在网络中、在现实中、在提倡节俭的口号中、在具体的行为中，传递节俭精神，发扬节俭美德。

"吝啬"的超级巨星

　　成龙有很多头衔：影视界的超级巨星、亿万富翁、慈善家……有一个称呼或许人们不大熟悉：他还在网络中被评为十大"最吝啬"的大明星之一，他的"小气"被一些媒体津津乐道。他自己倒也不否认，只不过他强调的是拒绝浪费！

　　关于成龙节俭的小故事很多，其一是在住宾馆的时候，他总是坚持自己洗衣服。

　　这是为什么呢？原因很简单：他嫌宾馆的洗衣费太贵！因此，他每晚都是自己动手洗贴身衣裤。他住得起豪华饭店，但是却嫌洗衣费贵，这听起来让人觉得好笑。

　　但确实是这样，他觉得住宾馆是工作需要。但是衣服可以自己洗，就不必再花钱叫人去洗。因此，每天拍完电影回来，不管多累，他总是回到住处洗衣服，然后晾在屋里。为此，成龙还提出了一套洗衣哲学。他说自己除了当演员拍戏，还要当编剧导演和顾问，设计剧情，解决其中出现的问题，脑子里乱哄哄的，而每天收工回到房间，自己慢慢地搓洗衣物，正好可以让自己静下心来，一边洗衣服，一边好好用脑子想事情，而这对他来说非常重要。像成龙那样的大明星自己洗衣服，的确不常见。

　　因此，每次各地记者去探访成龙时，他的浴室甚至成了热门观光景点，因为浴室里晾满了成龙的衣服。

　　鲍鱼是成龙喜爱的美味，价格不菲；但是非常便宜的卤肉饭也

是他喜欢吃的，这两样比较起来，价格可是天壤之别啊！相对于他拥有的财富来说，吃什么都是不成问题的。那么，是不是吃卤肉饭就是节俭，而吃鲍鱼就是奢侈呢？

在他看来：节俭的美德就是不管食物价值高低，能吃完不浪费就是美德！

拍《警察故事3·超级警察》时，成龙率领大队人马在吉隆坡拍摄。经过繁忙的拍摄，大家都很辛苦。在工作就要完成的时候，成龙要特别宴请前来采访的记者和各地嘉宾。他作为中心人物，一晚上都忙着穿梭在各桌间，和熟人聊天打招呼。吃饭时，侍者不断从桌上撤下空盘。成龙突然看到撤回的一个盘子上还飘着几片菜叶，成龙立刻叫住侍者，把盘子接过来，然后一一搛起菜叶吃完了，再把空盘交给侍者拿走，这给嘉宾们留下深刻印象。

吃饭、做事要节俭，这对成龙大哥来说，已经成为了习惯，不过，有时候这样的习惯让别人感到很大的压力。

比如说，和成龙同桌吃饭，如果点的餐没吃完，肯定会被成龙说的，甚至会给上一堂节俭教育课，要求大家不要浪费粮食。吃饭的时候，即使在餐中喝剩的半瓶矿泉水也要节省，他会将剩下的水浇灌在旁边的花草植物上，还将矿泉水瓶压扁，放到可以回收的垃圾箱中，提倡环保。

成龙获得"金马奖"，庆功宴都选在同一家餐厅举行。在吃饭的时候，成龙拿起一碗担仔面说，自己吃不完一碗，想和别人分开吃。这一下使得大家面面相觑，因为那碗面实在是很少，都觉得根本就吃不饱。尤其那些女士，如果成龙都说吃不完一碗，她们都不敢吃了。成龙总是担心要的东西太多而吃不了，所以，很多人都喜欢跟成龙在一起，听他说话，但是最好别在一个餐桌上吃饭！

成龙对节俭有独到的见解，有一次，他告诉《洛杉矶时报》的记者说："我住比弗利山饭店的时候，只用过饭店的香皂一两次。我会用浴帽把用剩的香皂包起来带走，在旅途中继续使用。"同时，他也指责年轻人缺乏节俭美德："新生代都不爱惜香皂。我们年轻时根本没有香皂可用。"在拍电影的时候，他会仔细核定盒饭的数量，并且要都吃完，一个也不允许浪费。

成龙自己说，节俭习惯的养成跟他从小过苦日子有关。

成龙小时候家里很穷，天生就很调皮的他总不能让家人对他抱有什么期望，甚至爸爸都几乎把他卖掉。等到了该挎着书包走进课堂的年纪，家里却无法负担他的学费，只好把他送到了戏班子里管教。这一苦难经历使成龙养成了什么事情都能自己做的习惯，又养成了他节俭的个性。对自己这一点他觉得很骄傲，也觉得值得青少年学习。成龙说自己刚功成名就时，也曾经像暴发户般的炫耀自己的财富，但那种感觉是很空虚的，找回朴实的自己后，他觉得更开心了。

关注"餐后的节约"

《舌尖上的中国》这部纪录片引起了人们对美食的极大兴趣，但是在尽情享受美味以后，往往是剩饭、剩菜堆积如山。这已经成为现代社会环境污染的重要部分，那么，这些垃圾怎么处理呢？

通过日新月异的新技术，使垃圾变废为宝，这是另一种形式的节约。

人们餐后剩余形成的垃圾被称为餐厨垃圾，属于城市生活垃圾。这些垃圾是生活中最常见的，相比其他垃圾，它们的主要特点是含有大量的有机物、水分含量高、非常容易腐烂，散发出的气味和流淌到地上的液体都会对环境卫生造成严重影响，并且会滋生病菌、聚集蚊蝇等。如果处置方法不当，餐厨垃圾会给城市环境与居民健康带来极大的危害，有时还被不法分子用来制造"地沟油"、饲养"垃圾猪"等，给社会的食品卫生带来隐患。

现在，就让我们跟着清洁工人去了解一下这些垃圾的正确处理方式！

不过在参观这些处理过程的时候，一定要戴上口罩啊，否则，这些人们享受美味后的"产品"会将你熏得晕头转向。

第一种是比较简单的：把这些餐厨垃圾收集起来，和其他生活垃圾混合在一起，直接送往填埋场，进行压缩、填埋或焚烧。

第二种是将这些垃圾单独分离出来，放在适当温度、条件下，利用大量繁殖的微生物来分解这些垃圾。但是这种方法占地面积大，处理量小，尤其是那味道，实在让人受不了。

第三种是将它们制作成动物饲料蛋白，因为这些主要是食物构成的。但是现在已经开始禁止这种做法，因为在这类垃圾里面本身含有大量的动物蛋白，处理后作为饲料，就会用含有同类动物的肉去当饲料，就是说，用含有猪肉的饲料去喂猪。世界上很多国家已经严禁使用餐厨垃圾来作为养殖动物的饲料。

实际上，这几种传统的餐厨垃圾处理方式谈不上"变废为宝"，只能算是被动地去处理垃圾。

下面，让我们再听听科学家的设想！

在他们的眼里，餐厨垃圾既是废物又是重要的资源，是"放错了地方的资源"。比如说，这些垃圾里面包括米和面粉类食物残余，还有蔬菜、动植物油、肉、骨等，里面含有丰富的可利用物质。从它们的化学成分上看，包括淀粉、纤维素、蛋白质、脂类和无机盐，这些都是有利用价值的"宝物"。如能加以有效利用，它们就可以成为不可多得的资源。这些专家可以在电脑上列出一个详细的统计：

我国每年大约产生 6600 万吨的餐厨垃圾，这些垃圾可以做什么呢？

发电=130 亿度=6300 万人一年的生活用电

废油脂提炼=200 万吨生物柴油

有机肥料=3600 万吨=2400 万亩农田施用肥料=化肥 1500 万吨=1000 亿元

减排二氧化碳=4500 万吨

我们可以看到，如果能够将这些餐厨垃圾全部转化为能源资

源,就将创造出惊人的"财富"。但是,这里又出现了一个新的问题,怎么才用科学的方式进行有效的处理呢?

专门处理垃圾的专家展示了一个新的处理流程。

第一步,收集来的餐厨垃圾先通过分选装置去除大块物料,再经提油回收其中的油脂,作为化工原料或者作为生物柴油。

第二步,将提取油脂后的垃圾打浆、调质,进入厌氧反应罐,在此与菌种接触,在一定的条件下,经水解酸化、甲烷化等过程,产生沼气,沼气经净化后去发电或直接做燃料。

最后,沼液可做液体肥料,少量沼渣则可经堆化制成固体肥料。这一处理方式的特点是"三高":资源利用率高;沼气产出率高,每吨餐厨垃圾可产沼气120立方米以上;沼气中的甲烷含量高。

这种处理方式在现实中应用怎么样呢?以兰州市为例:

2010年,兰州餐厨废弃物处理项目开始建设,总投资1.13亿元,设计日处理餐厨垃圾200吨,年处理能力7.3万吨。2011年,该项目进入试运行。

"光盘行动"拒绝"剩"宴!

近来,"光盘行动"风靡全国,这是由北京市一个民间组织推行的公益活动。这一活动的主题是:从我做起,今天不剩饭。"光盘"指人们在就餐时,坚持不浪费粮食,吃光盘子里的食物,吃不完的饭菜打包带走,形成人人节约粮食的好风气。

这一事件源于 2013 年 1 月 16 日,《中国国土资源报》副社长徐侠客在微博上发起"光盘行动"。他在微博上写道:"有一种节约叫光盘,有一种公益叫光盘,有一种习惯叫光盘! 所谓光盘,就是吃光你盘子里的东西!吃饭时间到,一起参与'光盘行动'吧!拒绝浪费,从我做起,晒出自己吃光东西的盘子,一起向浪费说不,争做节约达人,向舌尖上的浪费说再见!"徐侠客发起这一倡议之后,迅速得到了社会各界的支持。这项活动与习近平总书记严打贪污腐败,杜绝党内不良作风以及移风易俗开展新风尚的大思想不谋而合。习近平同志作出指示:"要求严格落实各项节约措施,坚决杜绝公款浪费现象,使厉行节约、反对浪费在全社会蔚然成风。"新华社、《人民日报》、中央电视台也开始展开专题宣传,倡导"光盘行动"。

推行"光盘行动"的公益组织由社会上的志愿者自发组成,一旦决定了,活动马上就轰轰烈烈地开展了!

1 月 14 日,这个公益组织举行了会议,详细商量这次活动如何具体操作。他们决定:首先利用互联网的广泛影响进行宣传,在微博

上提出这次行动的倡议；其次，亲自把宣传页和海报送进大街小巷的各个餐厅。会议结束的时候，已经是夜里 10 点多了，他们不顾劳累，连夜把宣传单送到印刷厂，先期印制宣传页 10000 份，海报5000 张。

1 月 15 日一大早，近 30 人的队伍就出发了。他们按照预先的计划，把北京分成 12 个区域，2~3 人负责其中一个区域。把宣传页分送到饭店的收银台处，由服务员发放到就餐者手中。他们将海报张贴在饭店大厅的玻璃上、走廊间。在活动中，他们的宣传单很快就用完了，当天下午，他们又马上跑到印刷厂重新印制了50000 份宣传单。在这次活动中，他们的行动得到了很多路人和餐厅人员的支持，纷纷赞扬这种做法，在很多餐厅，许多服务员都帮忙张贴"光盘行动"海报。这使得他们决定要造成更大的影响，其中一个成员说，加油站的人员流动也很大，我们可以去那里进行宣传。他的建议得到了赞同，15 日晚上，他们中的 10 个人拿到50000 份宣传单后就兵分三路，朝着 8 个加油站奔去——因为加油站来往人多，让员工帮忙将这些宣传单散发给车主们，影响面就会很大。这些宣传单第二天就能跟随加油站的物流车分发到各个小的站点。

1 月 16 日，除了在微博上大力宣传，他们在一个餐厅正式召开了"光盘行动"启动仪式。他们在路边设置展板，感召路人，宣传节俭理念；他们还与就餐者进行沟通，一起讨论用餐后的剩菜问题。他们的宣传单上写着："全世界饥饿人口超过 10 亿。全球平均每年，因饥饿死亡的人数达 1000 万，每 6 秒钟就有 1 名儿童因饥饿而死亡！如果我们每天的食物减少浪费5%，就可救活超过400万的饥民！"他们相信任何人看到这样触目惊心的数字都会不再随便倒掉盘中的食物。这一行动得到了很多人的热烈响应，有热心的老年人还主动帮助宣传，这次行动产生了重要影响。

发起人之一焦慧娟说："我能想到会有人支持这次活动，但是没有想到会有这么多人。"对于自愿参加这次活动，她认为："我们只是利用休息和娱乐的时间来做公益，很享受这个过程。""其实不剩饭很简单，这对每个人都有益，而且是很轻松就能做到的。小动作有大成就。"在印刷宣传单的印刷厂里，一个小伙子看到了"光盘行动"的宣传单后被深深震动。当焦慧娟来取宣传单的时候，他递了一百块钱，说："虽然钱不多，但也是个支持。"

通过这次行动，每个人都应该回想一下自己的行为，在家或外出就餐时，有没有将饭菜全部吃光？我们是否将剩下的饭菜打包带回？虽然我们已经远离饥饿与食不果腹的年代，但是这次"光盘行动"显然提醒与告诫我们，饥饿距离我们并不遥远，尊重粮食仍是古老美德之一。因为即使是今天，偏远山区的居民，粮食依旧匮乏，仍然没有完全解决温饱问题。我们仍然需要拒绝"舌尖上的浪费"，诗人海子在一首诗中说："从明天起，让我们关心粮食与蔬菜。"每个人都应该实际行动起来，成为"光盘"一族。

低碳生活，保护环境——从我做起！

　　"地球持续发烧！由此而带来的后果是：全球气温不断升高，不断地创下新的纪录；气候发生巨大的变化，南极冰川开始融化，导致海平面升高；如果冰川融化，世界很多地方就会沉入海底。其原因是：现代社会，工业化程度不断提高，产生了大量温室气体，温室气体中的二氧化碳是主要的罪魁祸首。为了能够减少温室气体排放，在全世界兴起了'低碳生活'的风潮：减少二氧化碳的排放，低能量、低消耗、低开支。这股风潮潜移默化地改变着人们的生活，代表着更健康、更自然、更安全，返璞归真地去进行人与自然的活动。"

　　"'低碳'是要人们形成一种生活习惯，自然而然地去节约各种资源。只要愿意主动去约束自己，改变生活习惯，你就很容易成为'低碳'一族。低碳并不是说要刻意去节俭，放弃一些生活的享受，只要你能从生活的点点滴滴做到多节约、不浪费，同样能过上舒适的、健康的'低碳'生活。同学们行动起来吧！"

　　这是一节中学宣传课的内容，主要宣传"低碳生活"这一环保主题。课后，老师给大家布置了作业，要求在课下了解哪些行为属于低碳生活？如何才能做到？

　　小刚是一名在校中学生，他平常就很注意环保，这节课对他的触动很大。回到家里，他和爸爸妈妈说了学校布置的作业。小刚的爸爸在报社工作，也经常接触到"低碳生活"的宣传内容，他听了小刚的话，就提议说："低碳生活很容易，一举一动都能实现这种生活方式。正好,明天是周末,就让我们设计一次真正的低碳生活!"小刚高兴地答应了。

第二天,小刚打算和父母一起到公园去玩,他们全家一早就开始规划这次出行。

首先,是选择出行的交通工具,他们决定不开车,改成骑自行车。小刚和爸爸把早已弃用的自行车又搬出来,仔细地修理好,又去邻居家借了一辆。他们一家人准备好旅游包,自己带上水、水果,准备了零食,还有室外游玩的各种用品。

然后,一家人骑上自行车出发了,室外,春天怡人的空气里满是花的香味,骑着自行车,呼吸也似乎变得特别舒畅。他们的自行车在街道上欢快地穿过车流,看着走一会儿停一会儿的汽车,他们觉得一路通畅极了。到了公园门口,他们身上热乎乎的,也像春天的花草树木,充满活力。很久不骑自行车了,他们对这次骑车出行感到特别方便,也不用去四处找停车处。爸爸笑着说:"你看,骑自行车停车省钱,既降低消费,又减少碳排放!"

公园里游人如织、花艳草青。小刚却似乎忘记了欣赏美景,把心思都放在了观察人们的各种消费行为上。他想统计一下人们在日常活动中,使用资源情况。他看到来公园游玩的人,大多数买了大包小包的包装食品、矿泉水、饮料。虽然他们将用过的包装都放到垃圾箱里,但是看着不一会儿就被装满的垃圾箱,小刚觉得,人们在无意识中就浪费掉了很多的物品,产生了数量巨大的垃圾。他突然觉得,公园里的垃圾箱很刺眼。

休息的时候,小刚和爸爸躺在自己带来的毯子上,晒着暖暖的太阳，非常舒服。小刚便跟爸爸说起了自己观察的结果和感想。爸爸说："你想的问题很好，现代社会中的人不经意间就产生了高碳排放，造成了资源浪费。因为这些'垃圾'在制造的时候，消耗了许多能源，产生很多的碳排放。而在处理的时候，又需要能源，一点一滴地累积起来，数量是多么巨大啊！而这一切是完全可以避免的。"小刚一家人喝的是自己用杯子带来的水，吃的是在家里准备好的食物，离开的时候，他们收拾起自己的毯子，甚至没有留下一点儿垃圾。而紧邻他们的一家人，他们在草地上铺了很多的报纸，留下了一大包用过的包装盒、瓶子等，一片狼藉。最后，他们收拾起这些垃圾，放到垃圾箱里，一下子就装满了大半个垃圾箱。

中午他们去附近的一个餐馆吃饭，爸爸让小刚点餐。小刚先详细问了服务员餐馆菜量的多少，然后再计算他们的饭量，总是怕点多了，剩下饭菜。不过这次有点太谨慎了，以至于吃完所有的菜后，还是不饱，只好又加了一份饭。这件事逗得爸爸、妈妈笑了很长时间，但是，令他高兴的是，这次，他们桌子上的饭菜吃得干干净净。回到家里，他又和妈妈去菜市场买菜，他们自己带着购物袋，在妈妈的指导下，尽量购买没有包装的绿色食品。回到家里，为了节约用水，他把洗菜、洗米的水也收集起来，用来冲厕所。爸爸和小刚又对洗澡动了一番脑筋，他们认真测算了一下淋浴和盆浴用水量，发现盆浴比淋浴的用水量多两倍多，他们决定以后尽量用淋浴，并打算以后要设计一个自动收集洗浴后用水的装置，以便进行二次利用。将做饭、洗澡、洗漱等用水都收集起来，就足够一天冲厕所的用水量了。

最后,他跟爸爸一起对比着计算了一下:这一天跟他们平时的生活相比较,看看能够减少排放多少碳。

比如说:一般情况下,生产 1 千克纸张对应碳的排放量为 3.5 千克,每节约 1 度电,就相应节约了 0.4 千克标准煤,减少污染排放 0.272 千克碳,0.785 千克二氧化碳。小刚根据自己一天来记下的数字进行了计算,最后的结果让他大吃一惊。原来就是身边的这些小事,就能够减少排放那么多的碳。小刚决定,以后就要养成节俭习惯,从自身做起,过低碳生活!

不惧"白眼"，执着宣传的节能协会

中午时分，四川师范大学的餐厅是最繁忙的，下课后的学生们纷纷拥进来打饭、用餐。

但是，有几个同学下课后急急赶来，却没有急着去打饭，他们有的举着牌子，上面写着节约用餐的宣传语；有的走到餐桌前和用餐的同学交谈；有的在回收餐具的地方进行提醒。

他们是"蜀之源"节能协会的成员。这一协会成立于2005年，目的就是宣传节约能源。这些宣传的同学属于这一协会下的一个组织，宣传节约粮食，杜绝剩菜剩饭。这些宣传行动有时也遭到一些人的误解，但是他们仍然坚持宣传，体现了大学生的责任感。他们参加节能协会，每个人都有自己的故事，虽然各不相同，但是都想通过个人的努力，宣传节俭。下面，我们就去认识一下这个协会组织的成员吧！

蒋国彪是节能协会会长，宣传节约粮食的组织就是他一手建立的。他在2007年发起了倡导节俭、曝光浪费的活动。当时，他还是大二的学生，来自湖北农村。他的家庭经济条件不错，他坚持节俭并不是因为贫困。他说："我的节俭观念来源于我的爸爸、妈妈，他们一生都很节俭，我的节俭习惯是从小在他们身边养成的。"每学期，除了学费，他从家里带到学校的钱就是一千多元，一个学期的开支都在里面，他自己用钱很少。但是，他看到有同学生活习惯很不好，常常把剩下一半多的饭菜就直接倒掉，看着白花花的米饭

变成垃圾，他的心很痛。而他自己生活节俭，从来没有倒过剩饭菜。他常想，为什么就不能少打一点儿饭菜呢？这样倒掉就成了垃圾，多可惜啊。他从小在农村长大，深知一粒米从种子到果实经过多少汗水的浇灌。看到很多同学毫不在意地将半盘，甚至整盘的饭菜丢弃，他萌生了一个想法，要劝导这些同学，让他们养成良好的用餐习惯，避免浪费。因此他联系了一些同学，成立了这个宣传节约的组织。

小吴是协会的一名节能监督员，她现在是一名大二学生，来自乐山的农村，家里经济条件较差。每次从家里拿学费的时候，她心里都充满了愧疚。家里供她上学的钱都是一点一滴节省下来的，在她印象中，父母从来就没浪费过一粒粮食，她从小就深受父母的影响，深知粮食的珍贵，一直都很勤俭节约，在食堂里吃饭从来没有倒过饭。她相信自己会坚持做下去，以身作则，起到表率作用，让更多同学形成节俭意识。

小卜是协会会员，家里经济条件优越。她上大学前一直都比较浪费，花钱根本就不知道节制，寝室里一位贫困女生改变了她。那位家庭条件困难的女生，每个月只有 200 元的生活费，没有菜，就用汤泡着把饭吃完。小卜对比自己的浪费行为，觉得很惭愧，便加入了节能协会，她就是想让自己改掉浪费的习惯，学会节俭，形成良好的生活方式。

节能协会明确了活动的任务：

在每次吃饭的时候，他们协会的成员来到餐厅，劝导学生要根据吃的多少取餐，不要浪费饭菜。他们不但在餐厅门口、在校园内

节约用餐

进行各种活动的宣传,而且还进入餐厅,对学生吃饭浪费行为进行劝导。有些同学不理解,认为这是管"闲事"。他们认为是花自己的钱,别人不能干涉。甚至有的人因为在公众场合被劝导,感到恼怒并还以白眼,或者出言讥讽,这让很多成员很委屈。他们的协会组织就要求会员在进行劝导的时候,做到"微笑服务",克制自己。实际上,大部分被劝导的同学还是很有礼貌的,他们一般会说"下次改正",真正不理解的还是少数。在他们的努力下,学生剩饭、剩菜的状况有了很大改观,他们在取餐前总是估计一下自己能吃多少,尽量做到不剩饭剩菜。

节能协会的活动在校园内产生了很大的影响,越来越多的学生加入到协会中来。

他们对自身要求很严格,在学校的节能办公室里,处处表现出了节俭的观念。饮水机平时是关着的,有客人来就将它打开,等烧开以后,就赶紧将饮水机的电源关上。

协会的会员不但宣传节俭,而且时刻表现出节俭的榜样作用。有一次,草地上的一根水管坏了,上面插着根木头堵漏水,但是仍然有小股水漏出。蒋国彪走过时看到了,就赶紧跑过去,用力地插紧木头,想止住漏水,但是没有弄好,他只好去叫维修工来修。

当他回来的时候,发现另一名协会会员也发现了那个水管,正在努力地试图堵住漏水。这表明了节俭意识在宣传中逐步得到了普及,这种节俭精神不但在协会的会员中被接受,而且越来越多的同学受到了宣传的影响,开始了自觉的节俭行为。